Staatsbibliothek Preußischer Kulturbesitz

325 JAHRE STAATSBIBLIOTHEK IN BERLIN

Das Haus und seine Leute

Buch und Ausstellungskatalog

Dr. Ludwig Reichert Verlag
Wiesbaden 1986

Staatsbibliothek Preußischer Kulturbesitz
Ausstellungskataloge 27
Text: Werner Schochow
Redaktion, Ausstellung und Katalog: Walter Ederer und Werner Schochow

CIP-Kurztitelaufnahme der Deutschen Bibliothek

Schochow, Werner:

325 [Dreihundertfünfundzwanzig] Jahre Staatsbibliothek in Berlin: d. Haus u. seine Leute; Buch u. Ausstellungskatalog / [Text: Werner Schochow]. Staatsbibliothek Preuss. Kulturbesitz [Red., Ausstellung u. Katalog: Walter Ederer u. Werner Schochow]. – Wiesbaden: Reichert, 1986.
(Ausstellungskataloge / Staatsbibliothek Preussischer Kulturbesitz; 27)
ISBN 3-88226-275-3
NE: Staatsbibliothek ⟨Berlin, West⟩: Ausstellungskataloge; HST

Gesamtherstellung: Offizin Chr. Scheufele, Stuttgart
Graphische Gestaltung: Peter Keidel, Stuttgart
Printed in Germany

Inhalt

Vorwort

Ein weltweit bekanntes Institut wie die Berliner Staatsbibliothek braucht nach 325 Jahren die Öffentlichkeit kaum mit einer Ausstellung und einer diese begleitenden Veröffentlichung auf sich aufmerksam zu machen, zumal bei und nach der Eröffnung des neuen Hauses vor wenigen Jahren zwei große Publikationen erschienen sind: Die Festgabe bei Dr. Ludwig Reichert (Wiesbaden) und der Bildband von Liselotte und Armin Orgel-Köhne bei arani + Saur (Berlin, München).

Dieses auf den ersten Blick wenig geeignete Bibliotheksjubiläum bietet dennoch mehrfach Anlaß zum Gedenken. Erstens ist die Staatsbibliothek seit vierzig Jahren nur noch ein Teil jenes größeren Ganzen, worauf sich ihre ruhmreiche Geschichte gründet. Im Gefolge des zweiten Weltkrieges wurde die ehemalige Preußische Staatsbibliothek, wie unser Vaterland, geteilt, ja willkürlich gespalten. Zweitens konnten wir im Jahre 1961 unser 300jähriges Bestehen nicht gebührend feiern, weil damals gerade der Übergang der Westdeutschen Bibliothek in die neugeschaffene Stiftung Preußischer Kulturbesitz stattfand. Und drittens bietet das 325jährige Jubiläum die willkommene Gelegenheit, die wechselvolle Geschichte unserer Bibliothek wieder einmal ins Bewußtsein zu rufen. So umspannt unsere Ausstellung den Zeitraum von 1661, der Freigabe der Privatbibliothek des Großen Kurfürsten für eine eingeschränkte Öffentlichkeit, bis zur Eröffnung des Bibliotheksneubaus in Berlin (West) 1978.

Unser Thema heißt »Das Haus und seine Leute«. Der Bibliothekar erkennt den Anklang an Fritz Milkaus Beitrag zum Handbuch der Bibliothekswissenschaft, erschienen im zweiten Band 1933. Im Unterschied zu Milkau, der berufsständische und Ausbildungsfragen abhandelte, wollen wir die gebauten (und nicht gebauten) Häuser der Bibliothek sowie die Menschen, die darin arbeiteten, vorstellen, soweit sich Bilddokumente aufspüren ließen. Wir haben etwa 220 davon ausgewählt, darunter viele unbekannte. Dabei hat uns neben anderen Berliner Einrichtungen vor allem das Bildarchiv Preußischer Kulturbesitz aus seinen reichen Beständen hervorragend geholfen; das gilt ebenso für die Mitarbeiter der Technischen Abteilung und der Handschriftenabteilung der Staatsbibliothek.

Die Konzeption der Ausstellung und des Katalogs verdanken wir Dr. Werner Schochow, der den Freunden der Staatsbibliothek mit seinen historischen Beiträgen in unseren »Mitteilungen« bekannt ist. Seine und Walter Ederers Findigkeit und Mühe bei der Vorbereitung, namentlich bei der Materialbeschaffung, verdienen besondere Anerkennung. Unser Kollege Werner Ruddigkeit von der Universitätsbibliothek der Technischen Universität Berlin hat den Katalog mit einer Darstellung der Baugeschichte bereichert; in den Händen von Konrad Zwingmann lag

die Gestaltung der Ausstellung – beiden danke ich herzlich. Schließlich sei dem Verleger Dr. Ludwig Reichert, Wiesbaden, und der für ihn arbeitenden Offizin Chr. Scheufele, Stuttgart, für die Betreuung des Katalogs gedankt.
Der bevorstehende Abschluß eines Kulturabkommens mit der DDR läßt hoffen, daß sich neue Wege der praktischen Zusammenarbeit eröffnen, nicht nur für die Bibliotheken, sondern auch für die wissenschaftliche Arbeit.

Ekkehart Vesper

Geschichtlicher Abriß

Überblick

Die Preußische Staatsbibliothek kennt wie der Staat, dessen zentrale Bibliothek sie wurde, zwei grundverschieden verlaufende Entwicklungslinien: Diskontinuität markiert die erste, zunehmendes Wachstum die zweite Hauptepoche. Unter erwerbungspolitischem Aspekt sind fünf Entwicklungsstufen erkennbar. Der frühen Aufstiegsphase (1661–1713/22) folgt eine ähnlich lange Stagnation (1722–1765/70). Die nächsten Jahrzehnte (1770–1817) mit der abrupten Anhebung des Etats und dessen erneutem Absinken lassen sich als eine von Unausgewogenheit und Krisen gezeichnete Übergangszeit verstehen. Unter den Professorenbibliothekaren des 19. Jahrhunderts (1817–84) vollzieht sich dann der Aufstieg zur zentralen Forschungsbibliothek des Landes. Diese Richtung verstärkt sich in der letzten Phase (1885–1942/45) durch ein forciertes äußeres Wachstum mit dem Ziel, die Staatsbibliothek zu einer der führenden wissenschaftlichen Gebrauchsbibliotheken der Welt zu entwickeln.

Kurfürstliche Bibliothek

1659 verfügt Kurfürst Friedrich Wilhelm die Ordnung und Verzeichnung seiner bislang privaten Büchersammlung durch Johann Raue. 1661 gibt er sie, dem Beispiel gleichgesinnter Standesgenossen folgend, für den – zeitgemäß eingeschränkten – öffentlichen Gebrauch frei und läßt sie »in loco publico«, nämlich im »Apothekenflügel« seines Schlosses benutzbar aufstellen. Dort bleibt sie 120 Jahre. Durch die Gewährung großer Mittel beweist der Große Kurfürst, daß er die Bibliothek nicht bloß als Repräsentationsobjekt ansieht. Seine intensive Bestandspflege kommt fast allen Fächern einschließlich der besonders geförderten Orientalistik zugute.

Königliche Bibliothek

Den 1687 begonnenen Neubau gibt der Sohn, der spätere König Friedrich I., wieder auf. Dieser vermehrt den Buchbestand auf mehr als das Doppelte (50 000 Bde.), verlängert die Öffnungszeiten und beansprucht als erster preußischer Herrscher das brandenburg-preußische Pflichtexemplar. Der größte Einzelkauf gilt der philologisch reichen Bibliothek des Ministers Ezechiel von Spanheim.

König Friedrich Wilhelm I. streicht – nicht ohne Mitschuld der säumigen Bibliothekare – 1722 den Etat und entfremdet vorübergehend wertvollen naturwissenschaftlichen Besitz an die Akademie der Wissenschaften. Auch Friedrich II. kümmert sich lange wenig um die Bibliothek. Doch erneuert er 1765 den Pflichtexemplaranspruch und bewilligt ab 1770 erhebliche Mittel, deren Verwendung er sich persönlich vorbehält. Er kauft grundlegende Nachschlagewerke aller Fachgebiete, bevorzugt im übrigen, gemäß seinem literarischen Geschmack, unter Hintanstellung der jungen deutschen Literatur das französischsprachige Schrifttum. Wertvollste Einzelerwerbung ist die Bibliothek des Qu. Icilius. Die von Friedrich errichtete »Kommode« bleibt das Domizil der Bibliothek über 125 Jahre. Der beträchtliche Bestand des Jahres 1786 ist großenteils nicht katalogisiert.

Unter Friedrichs Nachfolgern gewinnen die Bibliothekare, besonders F. W. Stosch, dann J. E. Biester, größere Eigenverantwortung, die sie namentlich zu Katalogreformen – Zusammenführung der fünf bis dahin getrennt aufgestellten Sammlungen – nützen. Doch stehen diese Jahrzehnte auch im Zeichen verminderter Mittel, die durch Dublettenverkäufe aufgestockt werden. Von 1798–1810 steht die Bibliothek unter der Oberaufsicht der Akademie der Wissenschaften, die ihre eigene Bibliothek nebst den einst aus der Königlichen Bibliothek entfernten Büchern dieser großenteils zurückgibt. Im Zuge der Humboldtschen Bildungs- und Wissenschaftsreform erwachsen der Bibliothek neue Aufgaben. Sie versieht von 1810–31 zugleich die Funktion einer Universitätsbibliothek. Das von Friedrich Schleiermacher stammende Reglement (1813) reorganisiert die öffentliche Benutzung und die Verwaltung der Königlichen Bibliothek; es wird für viele preußische Bibliotheksordnungen vorbildlich.

Gelehrtenbibliothek

Eine planmäßige Erwerbungspolitik setzt unter F. Wilken (1817–40) ein, nachdem die Königliche Bibliothek der Dienstaufsicht des Kultusministeriums unterstellt und damit fest etatisiert worden ist. Durch ein gezieltes Anschaffungsprogramm, welches alle für Wissenschaften und Künste wichtigen Neuerscheinungen einschließlich der Naturwissenschaften und der entstehenden Fachzeitschriften erfaßt, welches zugleich das Pflichtexemplar durchsetzt und in großem Stil Lückenergänzung betreibt, entwickelt sich die Königliche Bibliothek bei nur mäßiger Personalverstärkung zur umfassenden Forschungsbibliothek. Bedeutendste Sammelerwerbungen dieser Epoche sind die Bibliotheken Diez (besonders reich an Orientalia), Nagler (vor allem ältere deutsche Literatur und viele Handschriften), Méjan (bibliophile Frühdrucke) und Meusebach (deutsche Literatur des 16. und 17. Jahrhunderts). Bestand 1840: 325 000 Bde., über 6000 Handschriften.

Wilkens Richtlinien bleiben unter G. H. Pertz (1842–73) und R. Lepsius (1873–84) im wesentlichen gültig, mit dem Unterschied, daß Pertz die Geschichtswissenschaft stark fördert und Lepsius – wie sein Nachfolger – vor allem die Sondersammlungen (Handschriften, Musik, Karten) ausbaut. Wenn deren ressortmäßige Verselbständigung auch erst später erfolgt, so gehen sie sämtlich auf ältere Bestände bzw. den glücklichen Erwerb großer Einzelsammlungen zurück. Die Sonderabteilungen entwickeln sich bald zu bedeutenden Spezialsammlungen und internationalen Forschungsstätten. Zukunftsweisend wird die in der Ära Pertz in Angriff genommene beispielgebende Sacherschließung der Bestände. 1842–81 entsteht unter der Federführung von J. Schrader der universal-hierarchische Realkatalog mit erst jetzt eingeführten Individualsignaturen. Er bestimmt – ergänzt und teilweise erweitert – im Prinzip bis zum 2. Weltkrieg Systematik und Aufstellung der Bestände.

Universalbibliothek

Aufbauend auf dem Statut von 1885, wonach die Königliche Bibliothek die deutsche Literatur »in möglichster Vollständigkeit« und die ausländische »in angemessener Auswahl« zu sammeln und zugänglich zu machen habe, setzt unter A. Wilmanns (1886–1905), verstärkt unter der Ägide Harnack/Schwenke (1905–1921), die Entwicklung zur modernen wissenschaftlichen Gebrauchsbibliothek ein. Zusätzlich zu den traditionellen Sammelgebieten werden jetzt auch Belletristik, Zeitungen und amtliche Drucksachen größerenteils akzessioniert. Doch ist Wilmanns wie Harnack/Schwenke der Gedanke absolut vollständiger Aufbewahrung des nationalen Schrifttums fremd.

Um die Jahrhundertwende ist die Königliche Bibliothek nach Bestand und Benutzung zur größten und leistungsfähigsten Bibliothek des deutschen Sprachraums geworden. (1905: ca. 1,2 Mill. Bde.). Gleichzeitig entwickelt sie sich unter dem Einfluß von F. Althoff und der Mitwirkung von F. Milkau zum Motor standespolitischer Reformen.

Die Errichtung des Neubaus Unter den Linden schließt die Vorkriegsphase ab. Nach Überwindung der Kriegs- und Inflationsfolgen wird unter Milkau (1921–25) und H. A. Krüss (1925–45) die örtliche und überregionale Funktionstüchtigkeit der Staatsbibliothek mittels beträchtlicher Etatanhebung wiederhergestellt. Nationale und internationale Katalogvorhaben (Gesamtkatalog der Wiegendrucke, Gesamtkatalog der ausländischen Zeitschriften, Preußischer, dann Deutscher Gesamtkatalog) werden zum Druck gebracht oder begonnen. Die NS-Zeit beeinträchtigt durch Entlassungen und Einschränkung des Kaufs ausländischer Literatur den wissenschaftlichen und bibliothekarischen Standard der Staatsbibliothek. Während des 2. Weltkriegs wird der (1942) auf über 3 Mill. angewachsene Druckschriftenbestand (dazu 71 600 Handschriften) in ca. 30 auf das Reichsgebiet verteilte Bergungsstellen ausgelagert. Die Teilzerstörung des Gebäudes (Februar 1945) und der Freitod des Generaldirektors (April 1945) beenden die Geschichte der Preußischen Staatsbibliothek.

Preußische Staatsbibliothek

Den Grundstock der SBPK bilden die Bestände der Preußischen Staatsbibliothek, soweit sie während des letzten Krieges in heute zur Bundesrepublik Deutschland gehörende Auslagerungsorte gelangt waren (1,7 Mill. Bde.). Von ihnen bildeten die ins Kloster Beuron verlagerten Zimelien (vor allem 18 760 Handschriften, 2300 Bde. Inkunabeln und Rara, 2400 Bde. Nachlässe) 1948–68 das *»Tübinger Depot der Staatsbibliothek«*. Die Masse des »Altbestandes« gelangte nach Marburg, wo sie als *»Hessische«* (1946–49), dann *»Westdeutsche Bibliothek«* sogleich der Benutzung zur Verfügung stand. Finanziert von allen Bundesländern, nahm die Bibliothek schon in den 50er Jahren mit Hilfe der Deutschen Forschungsgemeinschaft die ersten überregionalen Vorhaben in Angriff. Die Errichtung (1957) und Arbeitsaufnahme (1962) der *»Stiftung Preußischer Kulturbesitz«* beenden ein Interim rechtlicher Unsicherheit und finanzieller Beschränkung.

Für die SBPK läuft ein langfristig angelegtes Arbeitsprogramm an. Es sieht mittels beträchtlicher Etaterhöhung eine großzügige Bestandserweiterung einschließlich der Ergänzung der Lücken im Altbestand, des Ausbaus der Sonderabteilungen und der DFG-Sondersammelgebiete sowie die Übernahme weiterer übergreifender Aufgaben vor. Die sich in Etappen vollziehende Übersiedlung der SBPK nach Berlin (1964–78) wird mit der Eröffnung des Neubaus am östlichen Rande des Berliner Kulturforums abgeschlossen.

Staatsbibliothek Preußischer Kulturbesitz

Das Ergebnis der Aufbauarbeit im Rahmen der Stiftung Preußischer Kulturbesitz läßt sich wie folgt zusammenfassen: Die SBPK ist eine der führenden wissenschaftlichen Universalbibliotheken auf deutschem Boden. Sie dient der Literatur- und Informationsversorgung Berlins, außerdem, besonders durch ihre Sondersammlungen und überregionalen Unternehmen, der Forschung des In- und Auslandes. Dem zentralen Literaturnachweis dienen vor allem die Zeitschriften-Datenbank (seit 1973), die zentralen Fachkataloge für Literatur aus Osteuropa, aus Asien und Afrika, das Standortverzeichnis Ausländischer Zeitungen und Illustrierten, der Generalkatalog des kartographischen Schrifttums und die Zentralkartei der Autographen.

Die Staatsbibliothek in Zahlen

1661	Eröffnung der »Churfürstlichen Bibliothek zu Cölln an der Spree« im Apothekenflügel des Schlosses
1688	Bestand: über 20 000 Bände Druckschriften und 1600 Handschriften
1701	»Königliche Bibliothek zu Berlin«
1775–1784	Errichtung eines eigenen Bibliotheksgebäudes neben dem Opernhaus (sogenannte »Kommode«)
1786	Bestand: 150 000 Bände
1810	Unterstellung der Königlichen Bibliothek unter die Sektion für den Kultus und öffentlichen Unterricht im Ministerium des Innern (seit 1817: Ministerium der geistlichen, Unterrichts- und Medizinal-Angelegenheiten)
1813	Reorganisation der Königlichen Bibliothek durch das Reglement von Friedrich Schleiermacher
1824	Beginn einer Musiksammlung
1842–1881	Herstellung des Realkatalogs
1859	Gründung der Kartensammlung
1886	Gründung der Handschriftenabteilung
1902	Bestand: 1,2 Millionen Bände Druckschriften und 30 000 Handschriften
1903–1914	Errichtung eines neuen Bibliotheksgebäudes (Unter den Linden)
1905	Gründung des Auskunftsbüros der Deutschen Bibliotheken: Beginn eines gesamtstaatlichen Leihverkehrs
1918	»Preußische Staatsbibliothek«
1919	Gründung der Orientalischen Abteilung
1922	Gründung der Ostasiatischen Abteilung
1939	Bestand: fast 3 Millionen Bände Druckschriften und über 70 000 Handschriften
1940–1945	Auslagerung der Bibliothek
1946/47	Zusammenführung der in der amerikanischen Besatzungszone lagernden Bestände in Marburg an der Lahn – »Hessische Bibliothek«
1948	Überführung der in der französischen Besatzungszone lagernden Handschriften und Drucke in die Obhut der Universitätsbibliothek Tübingen (»Tübinger Depot der Staatsbibliothek«; 1968 aufgelöst)

1949	Aufnahme der Hessischen Bibliothek in das sogenannte Königsteiner Abkommen – »Westdeutsche Bibliothek«
1950	Gründung der Osteuropa-Abteilung
1962	Übernahme der Bibliothek in die durch Bundesgesetz vom 25. Juli 1957 errichtete Stiftung Preußischer Kulturbesitz
1963	»Staatsbibliothek der Stiftung Preußischer Kulturbesitz«, seit 1968 »Staatsbibliothek Preußischer Kulturbesitz«
1964	Beginn der Rückführung der Staatsbibliothek nach Berlin
1967	Grundsteinlegung für den Neubau nach den Plänen von Hans Scharoun am 10. Oktober
1977	Auflösung der Dienststelle Marburg
1978	Fertigstellung und Einweihung des Neubaus am 15. Dezember

A Blick auf das Hohenzollernschloß mit Apothekenflügel (im Hintergrund Mitte); links im Vordergrund das Schlütersche Zeughaus (»Arsenal«). Stich 1852, Ausschnitt

Werner Ruddigkeit

Bauten und Entwürfe für die Königliche und Staatsbibliothek in Berlin

Standort Schloß

Berlins Stadtbaugeschichte[1] ist über mehrere Jahrhunderte eng mit dem Schloßbau an der Spree verknüpft, der »weder in Berlin noch in Cölln, nicht einmal zwischen diesen beiden Städten, sondern Cölln nördlich und Berlin westlich beherrschend vorgelagert ist«.[2] Das Schloß, dessen Grundstein als Burg 1443 gelegt wurde, »wirkte für die Zukunft wie ein Kristallisationspunkt, an den sich im Laufe der Jahrhunderte die Entwicklung der Stadt angeschlossen hat«[3], und diese nahm »kaum Bezug auf die Kerne der mittelalterlichen, bürgerlichen Stadtgebilde Berlins und Cöllns«[4]. Es hat außerdem für die Stadtgestaltung die architektonischen Maßstäbe gesetzt. Mit der stadtbaugeschichtlichen Entwicklung Berlins verbunden und auf den Schloßbau bezogen ist auch die städtebauliche Einordnung und der Beginn der Baugeschichte der »Bauten und Entwürfe für die Königliche Bibliothek und Staatsbibliothek in Berlin.«[5]

Die mittelalterliche Doppelstadt Berlin/Cölln hatte sich bis zur Mitte des 17. Jahrhunderts kaum ausgedehnt und baulich gab es außer den Kirchen Marien, Nicolai, Petri und natürlich dem Schloßbau wenig zu bemerken. Erst mit dem Großen Kurfürsten begann eine Erweiterung und Verschönerung der Stadt. Aus dieser Zeit (1652) stammt auch der älteste Stadtplan von Memhardt (Abb. 24)[6], der das deutlich macht. Die Entwicklung der Barockstadt ging vom Schloß als Ausgangspunkt nach Westen (Abb. 25). Nach dem Friedrichswerder (1658) kamen bald die Dorotheenstadt (1673) und die Friedrichstadt (1688) hinzu. Neben den An- und Umbauten am Schloß sowie der Errichtung einiger

1 Berlin und seine Bauten. Bd. 1. Berlin 1896, S. XXVII–LXII. – Düttmann, Werner: Apropos Stadtidee: Berlin ist viele Städte. In: Stadtidee und Stadtgestalt: Beispiel Berlin. 2. Aufl. Berlin 1980, S. 12–17. – Engel, Helmut: Entstehung und Entwicklung des Berliner Stadtbilds seit 1700. In: Stadtidee und Stadtgestalt: Beispiel Berlin. 2. Aufl. Berlin 1980, S. 20–63. – Rave, Paul Ortwin: Berlin in der Geschichte seiner Bauten. 3. Aufl. München 1976, S. 5–37. – Reuther, Hans: Die Museumsinsel Berlin. Frankfurt a. M. 1978, S. 7–19 und Abb. 1–8.

2 Kühne, Günther: Ein paar Gründe, Berliner Bautraditionen zu pflegen. In: Stadtidee und Stadtgestalt: Beispiel Berlin. 2. Aufl. Berlin 1980, S. 134.

3 Geyer, Albert: Der Einfluß des Schloßbaus auf die Entwicklung Berlins. In: Hundert Jahre Architekten-Verein zu Berlin 1824–1924. Berlin 1924, S. 56.

4 Kühne, a. a. O., S. 134.

5 Dieser Beitrag wurde im Mai 1982 als Referat beim 2. Jahrestreffen des Arbeitskreises für Bibliotheksgeschichte, das dem Thema »Bauten für Bücher« gewidmet war, in Wolfenbüttel vorgetragen. Es soll einen Überblick über die umfangreich dokumentierte Baugeschichte der Bibliothek geben und wird hier in gekürzter und überarbeiteter Form wiedergegeben.

6 Geyer, Albert: Geschichte des Schlosses zu Berlin. Bd. 1: Die kurfürstliche Zeit bis zum Jahre 1698. Berlin 1936. Taf. Bd., Abb. 2.

Neubauten, die in direkter Beziehung zum Schloß standen, war 1647 die Anlage der nach Westen gerichteten Allee Unter den Linden (Abb. 72) ein besonderes Anliegen des Großen Kurfürsten. Diese Straße sollte die Residenz mit dem Tiergarten verbinden. In den Jahren 1658–1683 erfolgte der Ausbau Berlins zur Festung – eine Unternehmung, deren Spuren sich nach dem Schleifen des Festungsgürtels um 1715 noch lange im Stadtgrundriß erkennen ließen. Eine besondere Sehenswürdigkeit des damaligen Berlin war die nach der Vernichtung im Dreißigjährigen Krieg neu geschaffene Anlage des Lustgartens.

Im Hofapothekenflügel (Abb. A, 31), einem Anbau an das Schloß mit Blick auf den Lustgarten, erfolgte 1661 die Eröffnung der Churfürstlichen Bibliothek zu Cölln an der Spree; seit 1701 Königliche Bibliothek zu Berlin. Dieses Gebäude wurde um 1585 durch den Baumeister Lynar neben dem Nordflügel des Schlosses, parallel zur Spree, begonnen und 1604 vollendet. Im Jahr 1598 erhielt es einen Verbindungstrakt zum Schloß. Das Bauwerk war mit seinem hohen Ziegeldach, einem Erker und je drei hohen Giebeln an der Ost- und Westfassade vom Stil der Spätrenaissance geprägt.

Nachdem der Festungsbaumeister Memhardt die Räume im ersten Stockwerk umgebaut hatte, wurden die Bücherbestände aus den Räumen des Dachgiebelgeschosses des Schlosses dorthin verlegt. Das Erdgeschoß dieses Schloßanbaus beherbergte die Hofapotheke (Abb. 27) und zeitweilig die Münze bzw. eine Buchdruckerei; das zweite Obergeschoß enthielt Wohnungen. Der Grundriß des Bibliotheksgeschosses ist um 1794 nach den ältesten erhaltenen Plänen gezeichnet worden (Abb. 28).[7] Es fehlt der Verbindungstrakt zum Schloß. Über die Lage der drei Räume, die die Bibliothek bildeten, von denen Raue, der erste Bibliothekar der Sammlung, berichtet, bestehen zwei unterschiedliche Meinungen.

E. Paunel (Abb. B)[8] benennt zuerst einen von Einbauten freien, mittig gelegenen barocken Büchersaal von 31 m Länge, 14 m Breite und 5 m Höhe mit 5 Fenstern an jeder Längsseite. An den Wänden sollen Regale und Bücherschränke gestanden haben, die durch Galerien unterteilt waren. Es soll aber auch frei im Raum stehende Regale gegeben haben. Zu dem gelungenen Gesamteindruck trugen der rote Farbanstrich der Regale sowie die einheitlichen roten Bucheinbände mit goldenen Rückentiteln bei. Der zweite Raum, an der nordwestlichen Abschlußwand gelegen, 4,75 × 14 m, hatte eine gewölbte Decke und diente als Raritäten- und Handschriftenkammer sowie der Darbietung diverser Ausstellungsstücke. Der dritte Raum, 5,3 × 14 m, lag nach Süden, an der Haupttreppe, war beheizbar und wurde als Leseraum genutzt. Seine Decke war ebenfalls gewölbt.

A. Geyer, der letzte Schloßbaumeister[9], behauptet dagegen, die drei von Raue angegebenen Räume seien der Saal mit den Abmessungen von 31 × 14 m und zwei darin an der östlichen Fensterfront gelegene Räume von jeweils 5 × 6 m gewesen. Erst nach dem Anwachsen der Büchermenge habe man den Raum an der Nordwestfront dazugenommen und noch später den geteilten Raum an der Treppe angegliedert. Ursprünglich sei das gesamte 1. Obergeschoß eingewölbt gewesen. Für die Bibliotheksnutzung seien jedoch die Gewölbe aus dem großen Raum entfernt worden, um eine größere Höhe zu

7 Geyer, Geschichte ... a. a. O., Taf. Bd. Abb. 5–7.
8 Paunel, Eugen: Die Staatsbibliothek zu Berlin. Berlin 1965, S. 2–4.
9 Geyer, Geschichte ..., a. a. O., Textbd. S. 59–61.

B Eugen Paunel (1888–1966), der in Wien geborene Geschichtsschreiber der Königlichen Bibliothek zu Berlin. Der Preußischen Staatsbibliothek gehörte er von 1941–45, der Öffentlichen Wissenschaftlichen Bibliothek (der späteren Deutschen Staatsbibliothek) bis 1954 an.

erhalten. Paunel spricht von fünf Fenstern im Hauptsaal an der Ostfront – in dem Grundriß nach Geyer gäbe es an dieser Front nur drei Fenster. Erst in einer Bauaufnahme des Geschosses aus der Zeit Friedrich Wilhelms IV. soll der Saal frei von den beiden eingebauten Räumen gewesen sein. Geyer bemerkt außerdem richtig, daß eine freie Dachbalkenlage von 14,5 m Länge beim Fehlen von Hängewerken wie hier, ohne eine Unterstützung der Balken durch einen Unterzug, der wiederum auf Holzpfosten oder Wänden aufliegen müßte, nicht vorstellbar ist.

Zusammenfassend ist zu sagen, daß diese Räume im Hofapothekenflügel zwar eine gute Lage mit einer schönen und gerühmten Aussicht hatten, aber sicher nicht den damaligen Vorstellungen von Repräsentation entsprachen, die erfordert hätten, die Bedeutung der fürstlichen Büchersammlungen durch entsprechend eindrucksvoll gestaltete Räume zu unterstreichen. Die Unterbringung war nur als Provisorium gedacht, das aber letztlich 120 Jahre währte.

Die erste bedeutende Bauaufgabe, mit der sich der Große Kurfürst intensiv beschäftigte, waren Pläne zur Gestaltung des Lustgartens. Er wollte ihn zu einem architektonischen Zentrum machen. Der Öffentlichkeit zugängliche Gebäude wünschte er um diese Anlage gebaut zu sehen. In diesem Rahmen sollte zwischen der Hofapotheke als deren Verlängerung und der weiter nördlich gelegenen Grotte ein neues Bücherhaus entstehen, zumal die vorhandenen Räume den Buchbestand nicht mehr zu fassen vermoch-

ten[10]. Ein Bauvertrag wurde 1687 mit dem Hofbaumeister Smids geschlossen. Wahrscheinlich stammt der Entwurf aber von seinem Schüler und Nachfolger Nering, der sich bereits große Verdienste um die bauliche Entwicklung der Residenz Berlin erworben hatte. In diesem Vertrag sind genaue Aussagen über die Gestaltung der Fassaden und die technische Ausführung des Baus enthalten, Grundrisse fehlen leider. Das neue Bauwerk war zweigeschossig mit Galerien und etwa 137 m lang, 14 m tief und 15,5 m hoch geplant. Drei Pavillons an den Ecken und in der Mitte sollten den Bau gliedern.[11] Als Kapazität waren ca. 40000 Bände vorgesehen. Es wäre im Innern wahrscheinlich ein großer, prachtvoll ausgestatteter Saal mit umlaufenden Galerien geworden.
In jüngster Zeit wird jedoch auch die Meinung vertreten, dieser Neubau sei für eine Bildergalerie im Untergeschoß und für die Bibliothek im Dachgeschoß geplant gewesen[12], während man bisher davon ausging, dieses Projekt sei der erste selbständige Bibliotheksbau in Deutschland gewesen. Aber dieser Widerspruch ist vermutlich nur ein scheinbarer: Man hatte wahrscheinlich an ein Bibliotheksgebäude gedacht, das zugleich die anderen Sammlungen aufnehmen sollte, allerdings nicht nach Geschossen getrennt. Durch den Tod des Großen Kurfürsten 1688 blieb der Bau (Abb. 30–32) in den Anfängen stecken; lediglich die Wände des Erdgeschosses, zur Lustgartenseite eine Arkadenreihe, waren entstanden.[13] Später erhielt der Gebäudetorso ein Dach und wurde zu verschiedenen untergeordneten Zwecken benutzt. Friedrich der Große ließ das Mauerwerk abtragen und an dieser Stelle 1747 den neuen Dom errichten (Abb. 39).

Standort »Kommode«[14]

Die Bedeutung Friedrichs des Großen für die bauliche Entwicklung der Stadt liegt nicht in neuen Stadterweiterungen, sondern darin, daß er das Gelände zwischen dem abgetragenen Festungswall und dem Beginn der ›Linden‹ zur Anlage des nach ihm benannten Friedrichsforums – »Berlins einziger künstlerisch durchgeformter Platz in monumentaler Fassung«[15] – benutzte. Auf diesem Forum Fridericianum (Abb. 56, 154) entstand in Anlehnung an Knobelsdorffs ursprünglichen Plan »eine Trias von Schloß, Theater

10 Schmidt, Wieland: Von der Kurfürstlichen Bibliothek zur Preußischen Staatsbibliothek – Geschichtlicher Überblick von 1661 bis 1945. In: Staatsbibliothek Preußischer Kulturbesitz. Festgabe zur Eröffnung des Neubaus in Berlin. Wiesbaden 1978, S. 3–4. – Pick, Hermann: Der unvollendet gebliebene Bibliotheksbau des Großen Kurfürsten. In: Beiträge zum Biblioheks- und Buchwesen. Berlin 1913, S. 211–215. – Paunel, a. a. O., S. 22–23. – Geyer, Geschichte ..., a. a. O., Textbd. S. 59–61.

11 Die Stadtansicht von Schultz aus dem Jahr 1688 gibt einen Eindruck von den Bauabsichten für die Bibliothek wieder, s. beispielsweise Geyer, Geschichte ..., a. a. O., Taf. Bd. Abb. 29.

12 Peschken, Goerd; Klünner, Hans-Werner: Das Berliner Schloß. Frankfurt a. M. 1982, S. 49.

13 Zwei Ansichten aus dem Skizzenbuch Johann Stridbecks des Jüngeren von 1690 bilden diesen Gebäudeteil ab, s. Paunel, a. a. O., Abb. 11 und Geyer, Geschichte ..., a. a. O., Taf. Bd.: Abb. 28.

14 Borrmann, R.: Die Bau- und Kunstdenkmäler von Berlin. Berlin 1893, S. 329–332. – Berlin und seine Bauten. Bd. 2. Berlin 1896, S. 239–240. – Schmidt, a. a. O., S. 16–18. – Paunel, a. a. O., S. 55–64, 92–93, 241–246.

15 Kauffmann, Hans: Berliner Baukunst von Schlüter bis Schinkel. In: Jahrbuch Preußischer Kulturbesitz 13 (1976), S. 29.

C Die »Kommode« nach einem Stich von Johann David Schleuen 1783

und Bibliothek, in denen selbständig auseinandertrat, was im alten Schloßkomplex, unter einem Dach, wie verzweigt auch immer, vereinigt gewesen war.«[16]
Während der 50jährigen Bauzeit entstand als erstes die Königliche Hofoper (1741–43). Dieses langgestreckte Gebäude bestimmte Maß und Form des Platzes. Das Palais des Prinzen Heinrich, des Bruders Friedrichs des Großen, begrenzte das Forum auf der Nordseite und schien den Platz über die Straße hinweg wie eine Klammer zusammenzuhalten. Dieses Bauwerk ist in bezug auf Größe und Lage nur eine formale Reduktion gegenüber den Ideen von Knobelsdorff, der eine monumentale Schloßanlage vorgesehen hatte, die von der Straße Unter den Linden erheblich weiter zurückgesetzt war als das Palais.[17] Die Hedwigskathedrale (1747–73) lag diagonal zum Platz wegen vorhandener Fundamente und hatte das römische Pantheon zum Vorbild. Die vierte Forumseite, der Oper gegenüber, wurde nach dem Abriß von Nebengebäuden des Schwedtschen Palais durch den Neubau der Königlichen Bibliothek geschlossen. »Diese Gruppierung

16 Ebda.
17 G.W.v.Knobelsdorff: Entwurf einer Residenz für Friedrich II. Um 1741, Kolorierte Zeichnung mit nachträglichen Veränderungen durch König Friedrich II. In: Gandert, Klaus-Dietrich: Vom Prinzenpalais zur Humboldt-Universität. Berlin 1985, S. 18.

will als eine städtebauliche Manifestation des aufgeklärten Geistes verstanden sein. Sie steht unter dem Thema geistiger Freiheit: gemeinsame Stätte für die Kunst in der Oper, für freie Forschung im Bibliotheksbau und für religiöse Glaubensfreiheit in der katholischen Hedwigskirche, alle drei koordiniert und hingeordnet auf den königlichen Palast nach Friedrichs des Großen Überzeugung und Regiment.«[18]

Die Errichtung eines monumentalen Bibliotheksgebäudes war dem König ein besonderes Anliegen. Ein umfangreicher Entwurf unter der Bezeichnung »Projet d'un bâtiment pour la Bibliothèque Royale de Berlin par l'Inspecteur général des Hydrauliques Bourdet« wurde 1774 vorgelegt, aber nicht realisiert.[19] Friedrich der Große machte für den Bibliotheksbau eine gestalterische Vorgabe in Form eines Fassadenentwurfs, den ursprünglich Joseph Emanuel Fischer von Erlach der Jüngere (1693–1723) für den Michaelertrakt der Wiener Hofburg erdacht hatte (Abb. 54). »Der später unter Boumanns Leitung nach Ungers Plänen errichtete Bau ist in der Tat eine mit leidlichem Geschick durchgeführte Nachahmung jenes Vorbildes.«[20]

Während diese Fassade also bereits gegen Ende des 18. Jahrhunderts in Berlin zu sehen war, wird sie am Kohlmarkt in Wien, dem ursprünglich vorgesehenen Standort, als Ganzes erst 100 Jahre später errichtet. Allerdings hat die Wiener Ausführung noch einige Änderungen erhalten, z. B. die auf dem Mittelteil und den Eckpavillons aufgesetzten Kuppeln (Abb. 55).

Die Fassade in Berlin (Abb. C, 58, 68 u. 83) hat zu allen Zeiten Kritik erfahren:

- anachronistischer Fassadenabklatsch
- Fassade erweckt den Eindruck eines viergeschossigen Gebäudes, innen entsprechen dem in der Anfangszeit nur 2 Stockwerke
- »Die konkav-konvexe Schwingung der Platzfassade mit dem rechtwinklig hervortretenden Mittelrisalit ... zeigt deutlich, daß dieser Bau nicht für einen rechtwinkligen Platz gedacht war, sondern in Wien axialer Bezugspunkt einer auf einen Rundplatz führenden Straße ist.«[21]

Paunel weist auf detaillierte Untersuchungen hin, die aufzeigen, wo Unger die gestalterische Vorgabe verändert hat und daß andererseits Fischer von Erlach sich von Perraults Louvre-Fassade anregen ließ. »Das kräftig gequaderte Erdgeschoß mit seiner zweifachen Fensterreihe bildet nur den Unterbau für die reich ausgebildete obere Hälfte. Auch das Obergeschoß weist zwei Fensterordnungen auf. ... Die Fassade des stark vorspringenden Mittelbaues ist mit vier Paaren gekuppelter, frei vortretender, korinthischer Säulen geschmückt, denen an der Rücklage und an den Flügeln korinthische Pilasterpaare entsprechen. An den halbrund vortretenden Eckrisaliten befinden sich in der Diagonale vorspringende Säulenausbauten.«[22]

18 Kauffmann, a. a. O., S. 29.

19 Borrmann, a. a. O., S. 329–330.
Diese Zeichnungen befanden sich im Preußischen Geheimen Staatsarchiv in Berlin. Sie sind jetzt weder dort noch im Deutschen Zentralarchiv in Merseburg nachweisbar, so daß hierfür Kriegsverlust angenommen werden muß.

20 Berlin und seine Bauten. Bd. 2, a. a. O., S. 239.

21 Reuther, Hans: Barock in Berlin. Berlin 1969, S. 60.

22 Paunel, a. a. O., S. 58.

Der Berliner Gebäudewitz erfand den Namen »Kommode« für das Gebäude, und auch über die Inschrift »Nutrimentum spiritus« an der Fassade wurden Scherze gemacht. Begonnen wurde der Bau 1775 und fertiggestellt 1780. Anschließend wurde das Nebengebäude in der Behrenstr. 40 ausgebaut. Es enthielt Räume für Benutzung und Verwaltung sowie die Wohnung des Direktors. Außerdem lag hier, architektonisch unverständlich, aber organisatorisch bedingt, der Eingang zur Bibliothek. Nach dem Umzug konnte bereits 1784 der Betrieb aufgenommen werden.

Zunächst war nur das Obergeschoß der Kommode für Bibliothekszwecke bestimmt. Es umfaßte einen quadratischen Mittelraum und zwei durch eine mittlere Säulenstellung zweischiffig gestaltete Flügelsäle mit Fenstern an beiden Seiten, an welche sich die unregelmäßigen Räume der Eckpavillons anschlossen. Die Länge betrug ca. 94 m und die Breite 17,5 m bzw. in der Mitte des Gebäudes, bedingt durch das Treppenhaus, 32 m. Die Bücher standen zunächst in Schränken an den Wänden des Mittelraums und der Flügelsäle. In den Eckräumen wurden die Handschriften und die Kupferstiche aufbewahrt. Das Erdgeschoß diente als Regimentsmonturendepot, danach zusätzlich als Theatermagazin.

In den folgenden Jahren waren zahlreiche Umbaumaßnahmen notwendig, um das Gebäude den ständig steigenden Anforderungen durch den Bücherzuwachs, die vermehrte Benutzung und die Personalzunahme anzupassen: 1789 wurden in den Flügelsälen in der Höhe von 9,5 m Galerien mit neuen Wandregalen eingebaut. 1817 erfolgte eine ähnliche Maßnahme im Mittelsaal. Die Seitenräume wurden durch Doppelschränke zwischen den Säulen und durch quergestellte Bücherregale in je 8 Raumabschnitte aufgeteilt. 1840–1842 erhielt die Bibliothek wegen der Raumnot das Erdgeschoß zugesprochen, das durch eine Zwischendecke in zwei Geschosse unterteilt wurde. Zu ebener Erde konnten dadurch die Benutzungs- und Verwaltungsräume sowie die Kataloge untergebracht werden, während das Zwischengeschoß als Magazin genutzt wurde. 1857 erfolgte über der Haupttreppe der Einbau eines Saales, der mit der Galerie des großen Büchersaals korrespondierte. 1858 wurde auch das Obergeschoß durch eine Zwischendecke geteilt, nur der Mittelraum behielt die ursprüngliche Höhe. 1882 wurde der mittlere Saal in einen Oberlichtraum umgebaut und dann als Lesesaal eingerichtet. 1882/83 ergaben sich Umgruppierungen in der Nutzung durch die Hinzunahme von weiteren Gebäuden in der Behrenstraße.

Funktionale Aspekte hatten bei der Planung des Gebäudes kaum eine Rolle gespielt. Es gab zwar seit 1884 einen repräsentativen Lesesaal (Abb. 85), aber es war keinesfalls eine barocke Saalbibliothek. Bedingt durch die Unzweckmäßigkeit des Grundrisses, die fehlenden Nutzflächen für Bücher, Leser und Mitarbeiter und die baulichen Mängel war das Gebäude insgesamt eine unbefriedigende Lösung. Die Bibliothek blieb bis 1909 in der Kommode und erlebte hier, trotz der räumlichen Beschränkungen und Provisorien, ihren Aufstieg zu einer der bedeutendsten Bibliotheken der Welt. – Nach dem Auszug der Bibliothek wurde das Gebäude als Aula- und Hörsaalbau der Universität genutzt.

Schinkel-Planungen u. a. Entwürfe

Stadtentwicklung und Bibliotheksbau traten im Wirken Schinkels für Berlin wieder in enge Beziehung. Seine öffentlichen Bauten setzten in den Jahren 1817–35 Akzente im Stadtbild: Neue Wache, Schauspielhaus, Schloßbrücke, Altes Museum, Bauakademie, Packhof. So ließen ihn städtebauliche Überlegungen im Jahre 1832 vorschlagen, eine

D Zweiter Entwurf von Schinkel für einen Bibliotheksneubau (1835)

Ost-West-Verbindung vom Schloßplatz zum Gendarmenmarkt zu schaffen. Dazu wäre ein Durchbruch für die Französische Straße durch die vorhandene Bebauung notwendig gewesen. Dieser Vorschlag enthält u.a. auch den Standort »Platz für den Bau eines neuen Bibliotheksgebäudes« an der Französischen Straße.[23]
Nachdem die Raumnot in der Bibliothek und die Brandgefährdung durch das Opernhaus immer offensichtlicher wurden, machte Schinkel drei Vorschläge für einen neuen Standort sowie zwei Bibliotheksentwürfe.[24] Auf dem an die Universität nach Norden anschließenden Gartengelände waren zwei seiner Projekte lokalisiert. Schinkel hatte zwar bessere Standorte im Blick, aber mit Rücksicht auf deren hohe Grundstückserwerbskosten wählte er diesen Bauplatz, der ohne Kosten zu haben war. Ein anderer Standort für diese Planung wurde inmitten der unregelmäßigen Grundstücke zwischen Universität und Kupfergraben mit Sichtlinien skizziert.

23 Rave, Paul Ortwin: Karl Friedrich Schinkel: Berlin. T. 2. Berlin 1948, S.19–20, Abb.6.
24 Rave, Paul Ortwin: Karl Friedrich Schinkel: Berlin. T. 3. Berlin 1962, S.24–37. – Prohl, Peter: Schinkels Pläne für den Neubau der Königlichen Bibliothek Berlin. In: Bauten der Kultur (1981) 1, S.21–23. – Crass, Hanns Michael: Bibliotheksbauten des 19. Jahrhunderts in Deutschland. München 1976, S.27–29. – Paunel, a.a.O., S.176–179. – Gandert, a.a.O., S.120–122.

Schinkel hat sich im letzten Jahrzehnt seines Lebens eingehend mit den Bauproblemen der Königlichen Bibliothek befaßt. 1835 legte er zwei Entwürfe für ein neues Bibliotheksgebäude vor. Der erste Entwurf, ein rechteckiger Baukörper, wurde von Schinkel längs der Universitätsstraße seitlich auf dem Gelände des Universitätsgartens angeordnet (Abb. 69–70). Ein dreigeschossiger, flach eingedeckter Backsteinbau mit 19 Fensterachsen an der Längsseite und 11 Achsen an der Schmalseite zeigt unverputzte gleichgestaltete Fassaden, die an den Ecken durch schlanke, runde Türmchen für die Dachentwässerung gefaßt werden. Die hohen Rundbogenstellungen fassen die drei gleichgroßen, übereinander liegenden Fenster zusammen.
Schinkel schreibt in seinem Erläuterungsbericht: »Das Gebäude bildet in jedem Geschoß einen einzigen Saal, der sich durch zwei längere und zwei kürzere Seiten um einen inneren Hof umherzieht, an allen Seiten mit Fenstern umgeben ist, zwischen denen die Bücherschränke so aufgestellt sind..., daß so viele Kompartimente gebildet werden als Fenster sind und durch das ganze Lokal ein breiter freier Mittelgang bleibt.
In jedem Kompartiment wird durch Aufstellen eines Tischschrankes in der Mitte Raum für... größere Werke gewonnen, sowie Gelegenheit, diese bequem zu besichtigen. In der Mitte des inneren Hofes ist ein Rundgebäude angelegt, gleichfalls gewölbt wie alle übrigen. In diesem liegt die große, durch alle Geschosse führende Haupttreppe.«[25]
Er schreibt weiter, daß sich im 2. Obergeschoß die Bibliothekare etablieren sollen und im Untergeschoß ein großer Saal und mehrere kleine Kabinette entstehen könnten. Die Flügel sind in allen Stockwerken durch zwei Reihen von quadratischen Pfeilern im Abstand von ca. 3,72 m längsgeteilt. Die von den Fenstern ausgehende Querteilung benutzt ebenfalls dieses Achsmaß, so daß dem gesamten Raum ein einheitliches quadratisches Raster zugrunde liegt. Die Geschoßhöhe beträgt 5,58 m.
Ein besonderes Problem ist die Feuersicherheit des Gebäudes. Schinkel äußert sich wie folgt: »Ein solches Gebäude, dem Zweck entsprechend feuerfest zu bauen, verlangt die höchste Einfachheit des Planes, woraus dann die Einfachheit der Konstruktion erfolgen kann.«[26] Deshalb schlägt er u. a. gemauerte Gurtbögen mit Kalottengewölben und darüber als Fußboden einen Estrich vor. Für die Herstellung der Fenster sollte anstelle von Holz Gußeisen verwendet werden.
Der zweite Entwurf (Abb. D) ist ebenfalls im Universitätsgarten vorgesehen, aber in der Mittelachse der Universität angeordnet. Auch dieser Entwurf ist dreigeschossig, besteht aber aus einem quadratischen Block mit 15 Achsen Seitenlänge. Er ähnelt dem vorangegangenen Plan, stellt jedoch in einigen Punkten eine Weiterentwicklung dar.[27] Die Nebentreppen werden herausgezogen und in die Ecktürme verlegt. Die Haupttreppe in der Mitte erhält vier Anschlüsse an die Flügel. Damit entstehen vier Lichthöfe. In diesem Plan sind einige Räume für Benutzung und Verwaltung skizziert, sie wirken nach Lage

25 Rave, T. 3, a. a. O., S. 31.
26 Rave, T. 3, a. a. O., S. 30.
27 Leyh, Georg: Schinkels Entwurf für einen Neubau der Königlichen Bibliothek in Berlin. In: Zentralblatt für Bibliothekswesen 48 (1931), S. 113–119. Leyh (S. 115) und Paunel (a. a. O. S. 177) irrten, wenn sie den Entwurf mit dem quadratischen Grundriß als älter ansehen gegenüber der vorangegangenen Planung mit der rechteckigen Grundrißform, s. a. Rave, T. 3, a. a. O., S. 32–36, u. a.

und Art allerdings zufällig. Die Fassaden sind reicher durchgebildet und mit zahlreichen Zierelementen versehen.

Die Schinkelschen Entwürfe waren sicher beeinflußt durch die theoretische Schrift von Della Santa (1816), durch einen Briefwechsel mit De Laborde in Paris und durch seine Englandreise. Die Querstellung der Regale wurde zum Hauptmerkmal seiner Projekte, die einen Übergang von der Saalbibliothek zum gegliederten Bautyp darstellt. Es werden hauptsächlich Bücherräume ausgewiesen, Benutzungs- und Verwaltungsräume nur angedeutet.

Diese Entwürfe besitzen durch die einheitlichen Rastermaße, die Geschoßhöhe, die Deckentragfähigkeit und das Freihalten der Großräume von Erschließungstreppen u. ä. eine Flexibilität, die erstaunlich ist. Damit wäre das Gebäude auch späteren Veränderungen in der Nutzung gerecht geworden. Bemängelt wurde, daß die Stellkapazität nur für 30 Jahre ausgereicht hätte und diese Entwürfe kaum erweiterbar gewesen wären. Zur äußeren Gestaltung schreibt Dolgner: »... bot ihm die historische Rundbogenarchitektur, da er sie nicht als Stilhistorismus dekorativer Prägung, sondern in ihrer strukturellen Substanz auffaßte, eine wertvolle Hilfe... Die dichte Abfolge von schmalen Gliederungselementen am Außenbau entspricht der inneren Konstruktion. Dabei ließ Schinkel es jedoch nicht bewenden, sondern faßte nach dem Vorbild spätmittelalterlicher Profanbauten die Fensterjoche durch Rundbögen unterhalb der Traufe spannungsvoll zusammen.«[28] – Beide Entwürfe wurden jedoch aus Geldknappheit nicht ausgeführt.

Im Jahre 1851 reichte der Baurat Stüler einen Plan ein zum Neubau eines »Bibliotheksgebäudes im großartigen Stil auf dem Gelände des Packhofs hinter dem Neuen Museum.«[29] Stüler war ein bekannter Architekt in der Schinkelnachfolge, und es wäre interessant, könnte man diesen nicht erhaltenen Entwurf studieren.[30]

Im Rahmen der Schinkelwettbewerbe des Architektenvereins zu Berlin wurde 1875 die Preisaufgabe – Entwurf zu einer großen Landesbibliothek in der Residenz – gestellt. Als Bauplatz war das Akademiegrundstück vorgesehen, auf dem der heutige Bau des Architekten Ihne steht. Die Entwürfe der Architekten Hinkeldeyn, Zaar und Hossfeld wurden prämiert. Die auszugsweise zitierten Anmerkungen der Jury zu den Hauptfassaden sollen der Erläuterung dienen. Zur funktionellen Weiterentwicklung des Bautyps »Bibliothek« konnten die Entwürfe nichts beitragen.

Entwurf Hinckeldeyn: »Die Fassadenentwürfe sind wenig gelungen. Das Hauptportal macht sich nicht durch eine bedeutungsvolle Architektur, sondern nur durch bedeutende Höhenabmessungen bemerklich, wie auch der ganzen Architektur eine wenig

28 Dolgner, Dieter: Karl Friedrich Schinkel – Leben und Werk. In: Achitektur der DDR 30 (1981), 2, S. 87.

29 Rave, T. 3, a. a. O., S. 36.

30 Mit größter Wahrscheinlichkeit sind diese Pläne, wie überhaupt große Teile des Stüler-Nachlasses, die sich ehemals in der TU Berlin befanden, während des letzten Krieges verlorengegangen, s. a. Börsch-Supan, Eva: Berliner Baukunst nach Schinkel 1840–1870. München 1977. – In einem Verzeichnis der Stülerschen Planungen ist das Projekt Bibliothek nicht genannt, s. A. Stüler's Entwürfe und Bauausführungen. In: Zeitschrift für Bauwesen 15 (1865) 11/12, S. 508–512.

phantasievolle... Auffassung zum Vorwurf gemacht werden muß... Es wird eine Höhenreduzierung der äußeren Kuppel, besser aber ein Zeltdach vorgeschlagen.«
Entwurf Zaar: »Die Vorderansicht entbehrt der monumentalen Auffassung. Die Kuppelarchitektur ist nicht glücklich.«
Entwurf Hossfeld: »Die Fensteröffnungen... hätten, im Interesse der dahinterliegenden Räume, wesentlich größer sein müssen. Sie hätten die Fassadenwirkung nicht geschädigt, sondern die Bestimmung des monumentalen Gebäudes noch klarer zum Ausdruck gebracht.«[31]
Der Architekt Martin Gropius, der mehrere Bibliotheksbauten, z.B. in Kiel und Greifswald, errichtet hat, war frühzeitig durch den Oberbibliothekar Lepsius in die vorbereitenden Planungen für ein neues Bibliotheksgebäude auf dem Akademieareal eingeschaltet. Er lieferte Berichte, Gutachten, Skizzen, Pläne und 1878 ein umfangreiches Bauprogramm.[32] Durch Studienreisen, teilweise zusammen mit Lepsius, hat Gropius sich Spezialkenntnisse über den damaligen Bibliotheksbau erworben. Er fertigte ebenfalls 1878 mehrere Entwürfe (Abb. E).[33] Es handelt sich dabei allerdings eher um einen Entwurf, der in drei stilistischen Varianten für die Fassadengestaltung vorliegt.[34] Präsentiert wurden die Formensprachen »neugotisch mit Verwandtschaft zum englischen Perpendicularstil, hellenische Renaissance und Renaissance Semperscher Prägung. Es läßt sich unschwer erkennen, daß sich der Architekt in dieser Zeit nicht mehr für eine bestimmte Bauform zu entscheiden wagte, sondern die Auswahl dem Auftraggeber überließ.«[35] Persius soll eine begeisterte Stellungnahme für den gotischen Entwurf verfaßt haben. Die Verwirklichung dieser Planungen ist nicht gelungen.

Ihne-Bau[36]

Fortschreitende Bebauung, besonders durch den Mietwohnungsbau, und die mit der Einführung der Eisenbahn einhergehenden Entwicklungen der Verkehrsverhältnisse

31 Die Unterlagen befinden sich in der Plansammlung der Universitätsbibliothek der Technischen Universität Berlin. – S. a. Hundert Jahre Schinkel-Wettbewerb. Berlin 1955, S. 30–31. Die Abb. 18 und 19 sind dort vertauscht worden. – Ruddigkeit, Werner: Bibliotheken – Geplant und nicht gebaut. In: Das Buch und sein Haus. Bd. 2: Vom Bauen neuerer Bibliotheken. Wiesbaden 1979, S. 208–18.
32 Paunel, a. a. O., S. 343, 346–350.
33 Jacobsthal, J. E.: Martin Gropius. In: Deutsche Bauzeitung 15 (1881) 57, S. 324.
34 In der Plansammlung der Universitätsbibliothek der Technischen Universität Berlin sind 3 Fotos davon vorhanden. Die Originale liegen in der Drawings Collection des Royal Institute of British Architects in London, s. Klinkott, Manfred: Martin Gropius und die Berliner Schule. Berlin 1971, S. 210. – Prohl, Peter: Die Magazinbibliothek. Diss. Weimar 1981. T. 1: S. 104 u. T. 2: S. 150–152.
35 Klinkott, a. a. O., S. 116–118.
36 Das neue Gebäude für die Königliche Bibliothek und die Akademie der Wissenschaften in Berlin. In: Deutsche Bauzeitung 48 (1914), S. 317–322, 325–327, 333–335, 345–346, 353–354, 365–371, 391–394. – Adams: Der Neubau für die Königliche Bibliothek und die Akademie der Wissenschaften in Berlin. In: Zentralblatt der Bauverwaltung 34 (1914), S. 183–186, 193–197, 225–228, 301–303. – Schwenke, P.: Die Bibliothek als Ganzes. In: Fünfzehn Jahre Königliche und Staatsbibliothek. Berlin 1921, S. 1–3. – Schmidt, a. a. O., S. 62–66.

E Drei Entwürfe zu einer Landesbibliothek in Berlin (1878).
Architekten: Martin Gropius und Heino Schmieden

neugotisch — hellenische Renaissance — Renaissance Semperscher Prägung brachten ständige Veränderungen des Stadtbildes. Unter Kaiser Wilhelm I. erfolgte die Erhebung Berlins zur Hauptstadt des Deutschen Reiches. In dieser Epoche war die Beziehung der Bibliothek zum Stadtgefüge erneut zu klären.

Ein neues Haus für die Bibliothek war überfällig. Überlegungen, die Königliche Bibliothek im Tiergarten, an der Stelle des jetzigen Reichstagsgebäudes, oder im Westen, in Zoo-Nähe (vgl. S. 117), anzusiedeln, wurden verworfen. Auch Dahlem war als möglicher Standort in der Diskussion.[37] Bei der Wahl zwischen der Randlage einer expandierenden Stadt und der Plazierung inmitten Berlins, neben der Universität, in der Nähe des Friedrichsforums und der an Großbauten reichen Umgebung des Schlosses, fiel die Entscheidung zugunsten des Akademieviertels an der Straße ›Unter den Linden‹. Hier entstand 1903–1914 nach den Plänen des Architekten Ihne[38] der Großbau der Königlichen Bibliothek (Abb. F, 105, 108, 112), der bereits 30 Jahre später, während des 2. Weltkrieges, erhebliche Zerstörungen erlitt.

Ein Raumbedarfsplan mit einer Stellkapazität für 2,5 Millionen Bände und mit Erweiterungsmöglichkeiten für die doppelte Anzahl Bücher wurde bereits 1890 vom Generaldirektor Wilmanns aufgestellt. Das Akademieviertel hat eine Grundstücksfläche von 18000 m^2. Für die Königliche Bibliothek allein schien diese Fläche nach den damaligen Prognosen zu groß zu sein. Es wurde deshalb entschieden, daß dort die Bibliothek, die Akademie der Wissenschaften und die Universitätsbibliothek einen gemeinsamen Neubau erhalten sollten. Die drei Institutionen wurden so angeordnet, daß der größte Teil der Baumasse der Königlichen Bibliothek zufiel, die Akademie Räume im südöstlichen Teil des Bauwerks und die Universitätsbibliothek Räume an der Nordfront erhielten.

Die Hauptfront der notwendigen Blockbebauung lag Unter den Linden.[39] Einerseits sollte sie Geschlossenheit zeigen im Gegensatz zu der offenen Bebauung des östlichen Teils der Straße, andererseits regte der Ehrenhof der benachbarten Universität dazu an, hier ebenfalls eine Unterbrechung der Front zu planen. Im Entwurf wurden beide Möglichkeiten zu einem Kompromiß vereinigt. Die Fassade wurde geschlossen, aber durch eine offene Vorhalle waren Einblicke von der Straße aus in den dahinter liegenden Ehrenhof möglich.

Die kurze ›Schauseite‹ des Gebäudes von Süden und die große Ausdehnung in Nord-Süd-Richtung ergaben die andere, die Bebauung des Komplexes strukturierende Entwurfsidee: »... eine besondere mittlere Nord-Süd-Achse (Abb. 113) mit gesteigerter Raumfolge zu entwickeln, auf der alle Räume mit repräsentativem Gepräge aufzureihen waren. Diese Räume sind die Eingangshalle (Abb. 126), der Ehrenhof, die Treppenhalle mit breitem, geradem Treppenlauf (Abb. 127)..., die Vorhalle zum großen Lesesaal und der achteckige große Kuppellesesaal (Abb. 128–29, 131), in dem die Raumwirkung ihren höchsten Ausdruck und ihre höchste Steigerung findet. Die Achse setzt sich dann fort im Lesesaal der Universitätsbibliothek (Abb. 134) und klingt aus in der Vorhalle und dem bescheidenen Eingang dieser Bibliothek.«[40]

37 Paunel, a. a. O., S. 346.

38 Ernst von Ihne wurde als der typische Vertreter des ›Wilhelminischen Barock‹ bezeichnet.

39 Crass, a. a. O., S. 78–84.

40 Das neue Gebäude ..., a. a. O., S. 333–334.

Diese Beschreibung der Entwurfsidee entspricht dem wilhelminischen Zeitgeist. Aber auch schon damals hat der Bau viel Kritik am Funktionszusammenhang und an der architektonischen Gestaltung erfahren.
Das Gebäude besaß eine Kapazität für rund fünf Millionen Bände. Es waren ca. 1000 Leseplätze in der Königlichen Bibliothek und 300 Plätze in der Universitätsbibliothek vorhanden. Zwischen die vier Straßenflügel und die an der Hauptachse angeordneten Repräsentationsräume, wurden sechs Querflügel eingefügt, so daß sich acht Innenhöfe (Abb. 117) ergaben. 16 verschiedene Treppenhäuser und die Haupttreppe erschlossen das Haus. Von der Lindenallee gelangte man an der östlichen Seite in die Akademie und gegenüber in die Generalverwaltung der Bibliothek.
Bei den Bibliotheksräumen sind sechs Raumgruppen zu unterscheiden:

1) für Benutzer bestimmte Lesesäle an der Ostseite,
2) Betriebsräume an der Westseite,
3) Räume für Besucher ohne Leserkarte – Schausäle, Ausstellungsräume,
4) Bücherspeicher,
5) Räume für den Wirtschaftsbetrieb,
6) Dienstwohnungen.

Im Zentrum des Gesamtkomplexes stand der Kuppellesesaal (Abb. 129), der nach den Vorbildern der Bibliothek des Britischen Museums (Abb. 132) und der Nationalbibliothek in Paris (Abb. 12) entworfen war. Er bot Platz für 360 Leser. Die Lesertische für 2–3 Personen waren in konzentrischen Kreisen (Abb. 131) angeordnet. Die lichte Höhe des Saales betrug 34 m, der Durchmesser 43 m. Die Katalogräume waren einerseits den Benutzern zugänglich, andererseits waren sie aber gleichzeitig den Verwaltungsräumen zugeordnet. Dadurch bildeten sie ein Bindeglied zwischen den beiden Bereichen.
Für die Höhenentwicklung des Gebäudes wurde als Modul das Büchergeschoß mit etwa 2,20 m Höhe angenommen. 13 Büchergeschosse einschließlich Keller wurden ausgeführt. Hinzu kamen noch drei auszubauende Geschosse um die Kuppel. Durch diese vorgenommene Aufstockung gegenüber den elf ursprünglich vorgesehenen Geschossen erhielt das Haus ein nach außen in Erscheinung tretendes Dach. Die Höfe sollten unterkellert und wie die anderen Kellerräume als Bücherspeicher benutzt werden. Die geplanten Magazinräume unter den Höfen wurden später endgültig, die in den Kellern vorläufig, aufgegeben. Die Magazine (Abb. 137) nahmen das 6. bis 13. Geschoß ein. Der Abstand der Fensterachsen von 4,60 m hätte für die Regale ein Achsmaß von 2,30 m ergeben. Bei den damaligen Vorstellungen über Achsabstände war das nächstmögliche Maß von 1,53 m nicht zu realisieren. Es wurde eine Kompromißlösung von 1,83 m gefunden, die nicht mit der Fensterteilung übereinstimmen. In der Praxis erwies sich dieser Abstand als zu reichlich bemessen, er wurde später im Südmagazin auf 1,55 m reduziert. Die Räume unter den Magazinen – Verwaltungszimmer und Lesesäle der Sonderabteilungen – nahmen die Höhe von zwei oder drei Magazingeschossen ein.
Wie beim Zeughaus und dem Universitätsgebäude wurden an den Fassaden, die in der Formensprache des Barock und der italienischen Hochrenaissance gestaltet sind, die oberen Geschosse in einer Säulenordnung zusammengefaßt. An manchen Fassadenteilen entsprechen einem erkennbaren Stockwerk mehrere dahinter liegende Magazingeschosse.

F Preußische Staatsbibliothek Unter den Linden. Davor das Reiterstandbild Friedrichs des Großen. Foto um 1925

Der Generaldirektor der Königlichen Bibliothek, von Harnack, sagte 1914 bei der Einweihung dieses Monumentalbaus: »Nicht eine ungeheuere Prachtkatakombe weihen wir hier ein, in der Bücher beigesetzt werden sollen, nein – eine Schatzkammer, ein Arbeitsfeld, einen Tempel der Musen und eine feste Burg der Wahrheit.«[41]
Kritische Stimmen und gegenteilige Meinungen zu diesem Bibliotheksbau gab es zu allen Zeiten. Wieland Schmidt urteilt aus heutiger Sicht wie folgt: »dieser Bau steckte voller Kompromisse, aber er war in allen Teilen bis zum äußersten durchdacht und in weiten Bereichen zweckmäßig. Nach dem Urteil vieler gelehrter Benutzer haben sie nirgends besser zu arbeiten vermocht als in dem großen Lesesaal. ... Die Tischbeleuchtung des Abends und die sich dann im Dunkel verlierende Höhe über ihnen wirkte auf sie wie ein Fluidum, das sie zu geistiger Konzentration befähigte.«[42]

41 Schwenke, P.: Die Einweihung der neuen Königlichen Bibliothek. In: Zentralblatt für Bibliothekswesen 31 (1914) 4, S. 160.
42 Schmidt, a. a. O., S. 66.

Nachkriegsentwürfe und Scharoun-Bau[43]

Im Jahr 1945 begann der Entwicklungsabschnitt der geteilten Stadt Berlin. Die Baugeschichte der Staatsbibliothek verlief ebenfalls mehrgleisig. Die Bibliothek in Ost-Berlin, seit 1954 Deutsche Staatsbibliothek, wurde nach umfangreichen Kriegszerstörungen am alten Standort mit einigen Nutzungsänderungen wieder aufgebaut (Abb. 172), z. B. wurde auf die Wiederherstellung des großen Kuppellesesaals verzichtet. Eine sehr interessante »Studie zur komplexen Rekonstruktion der SB« erarbeitete Tzschacksch. Sie sollte der »Behebung noch nicht kompensierter Kriegsschäden und als Grundlage für die Einordnung von neuen Magazinen als erstem Bauabschnitt« dienen.[44]

Die Teilung der Stadt ergab für West-Berlin die Abtrennung von der historischen Mitte und damit einen stadträumlichen Identitätsverlust. Das führte zu einer Stärkung des bereits bestehenden West-Zentrums zwischen Bahnhof Zoo und Wittenbergplatz. Das Problem der Stadtplaner West-Berlins ist es seitdem, Konzepte zu entwickeln, die eine eigene städtebauliche Entfaltung zu einem selbständigen Organismus ermöglichen, aber andererseits keine Möglichkeiten zu der früheren Gesamtstadt verbauen sollten.

Grundlage der Stadtentwicklung wurde die Scharounsche Vorstellung, entstanden aus dem nach Kriegsende vorgelegten ›Kollektivplan‹, einer vielgestaltigen, zusammenhängenden Stadtlandschaft, in der die Stadtfunktionen in Bändern einander zugeordnet sind. Das ›City-Band‹ sollte parallel zu einem ›Kulturband‹ und streckenweise mit ihm verflochten, der alten Leitlinie des Spreetals folgen – etwa vom Charlottenburger Schloß bis zum Alexanderplatz. In diesem ›Kulturband‹ ist das kulturelle Forum am Kemperplatz, nahe der Mauer, enthalten und ein wesentlicher Teil des Forums ist wiederum die Staatsbibliothek Preußischer Kulturbesitz mit ihrem neuen Gebäude. Die weitere Konzeption des Kulturforums ist seit Jahren Gegenstand kritischer Diskussionen.

Im Rahmen der Vorbereitungen für die Internationale Bauausstellung wurde 1984 ein Rahmenkonzept für den sogenannten Zentralen Bereich vorgelegt. »Die leitende Idee für die planerische Gliederung ist die Neue Mitte Berlins. Sie wird von einem Zentralraum dargestellt werden, der die Funktion einer Mitte sowohl für die Organisation des Westteils als auch für ganz Berlin übernehmen soll. Bestimmendes Merkmal für diesen Raum ist deshalb seine Offenheit, einerseits im Sinn räumlicher Offenheit, zum anderen im Sinn der Offenheit für künftige Entwicklungen und Funktionen... Die offene Mitte

43 Vesper, Ekkehart: Die Staatsbibliothek Preußischer Kulturbesitz – Aufbau und Entwicklung 1946 bis 1978. In: Staatsbibliothek Preußischer Kulturbesitz. Festgabe zur Eröffnung des Neubaus in Berlin. Wiesbaden 1978, S. 95–122. – Drozd, Kurt Wolfgang: Funktionsbeschreibung des Neubaus aus bibliothekarischer Sicht. In: ebd., S. 179–183. – Vesper, Ekkehart: Neubau und Funktion der Staatsbibliothek Preußischer Kulturbesitz. In: Zeitschrift für Bibliothekswesen und Bibliographie, Sonderh. 29. 1980, S. 79–91. – Staatsbibliothek Preußischer Kulturbesitz, Berlin. In: Deutsche Bauzeitung 113 (1979) 3, S. 12–24. – Orgel-Köhne, Liselotte u. Armin: Staatsbibliothek Berlin. Berlin 1980. – Ruddigkeit, Werner: Betrifft: Staatsbibliothek Preußischer Kulturbesitz. In: Deutscher Bibliotheksbau im letzten Jahrzehnt. Katalog zur Ausstellung beim 69. Deutschen Bibliothekartag in Berlin. Berlin 1979, S. 7–8.

44 Tzschacksch, Peter: Erfahrungen bei der Adaption von Räumen und Gebäuden im Rahmen der Rekonstruktion wissenschaftlicher Bibliotheken. In: Zentralblatt für Bibliothekswesen 97 (1983) 4, S. 153–154, 160.

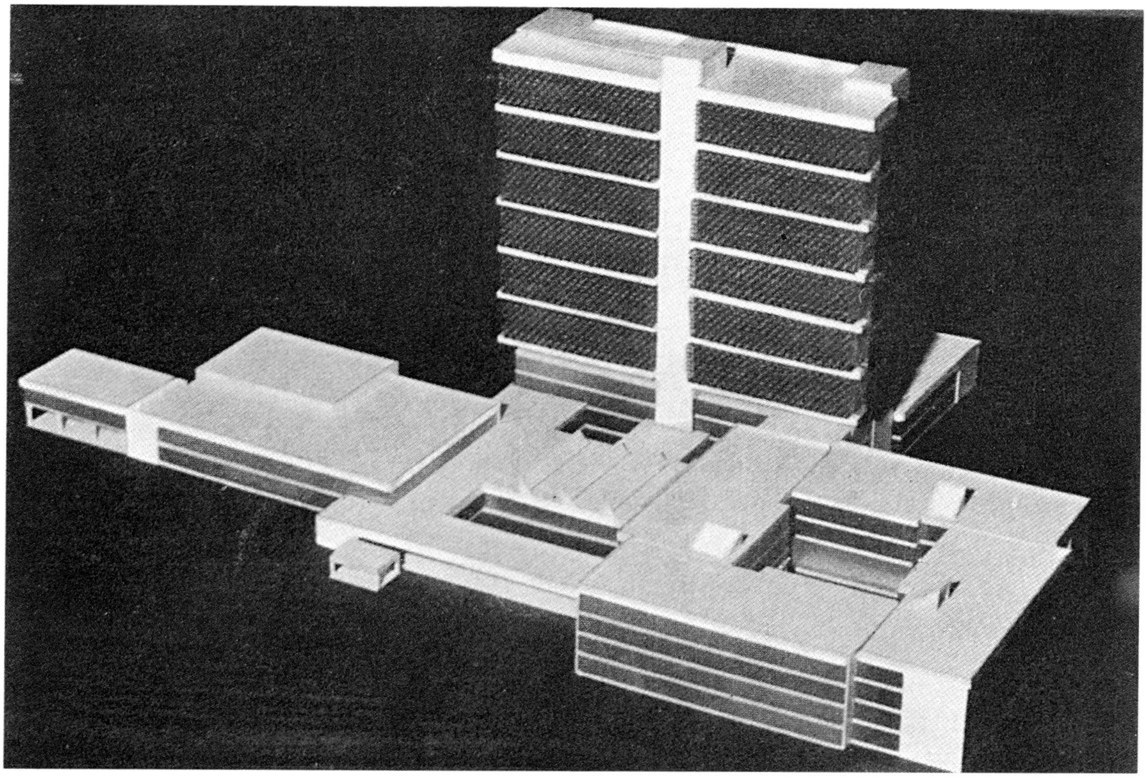

G Erster Bauentwurf von Werner Düttmann (1961/62)

ist ein Foyer der Stadt mit zentralen Kultur- und Verwaltungseinrichtungen. Hier stellt eine Stadt sich dar... Charakteristisch für diese Berliner Mitte sind bedeutsame Bauten in der Randzone: Die Großbauten des Kulturforums und die Einzelbauwerke des... Diplomatenviertels, des Hansaviertels mit der Akademie der Künste, das Schloß Bellevue, die Kongreßhalle und der Reichstag.«[45] Der Zentrale Bereich ist Gegenstand vieler Untersuchungen, Projekte und Diskussionen der letzten Jahre und stellt für die Stadtentwicklungsplanung auch weiterhin das aktuelle Thema dar.

Die ersten Stufen der Nachkriegschronologie der Staatsbibliothek stellen die provisorischen Unterbringungen in Marburg (Abb. 168, 173–182) und Tübingen dar, hervorgegangen aus den kriegsbedingten Verlagerungen von Teilbeständen. Ein Nutzungsangebot des Senats 1957 für alte Kasernenbauten in Berlin-Lichterfelde, sowie ein Vorentwurf für einen Teilneubau am selben Ort 1958 folgten (Abb. 189), nachdem Berlin als künftiger Standort gewählt worden war.[46]

Der damalige Senatsbaudirektor Düttmann legte 1961/62 einen Entwurf in zwei Varianten für einen Neubau der Bibliothek am Südrand des Tiergartens, dem jetzigen Standort, vor.[47] Die zweite Fassung dieses Projekts (Abb. G) war konventionell gegliedert:

45 Senator für Stadtentwicklung und Umweltschutz: Rahmenkonzept für den Bereich der IBA-Neubaugebiete. In: Bauwelt 73 (1982), H. 12 = zugl. Stadtbauwelt 73, S. 400.

46 Drozd, Kurt Wolfgang: Rückblick auf Planung und Bauablauf. In: Staatsbibliothek Preußischer Kulturbesitz. Festgabe zur Eröffnung des Neubaus in Berlin. Wiesbaden 1978, S. 136.

47 Düttmann, Werner: Projekt für die Staatsbibliothek Berlin. In: Bauwelt 53 (1962) 5/6, S. 140–142.

– zweigeschossiges Gebäude mit den vor der Kontrolle liegenden Räumen, z.B. Eingangshalle, Vortragssaal usw.,
– viergeschossiger Lesesaalbau,
– zweigeschossiger Trakt für die Bibliotheksverwaltung,
– darüber 18geschossiges Buchmagazin für 4 Millionen Bände.

Dieser Plan erfuhr Kritik, und Werner Düttmann erarbeitete noch einen zweiten Entwurf im Herbst 1962 (Abb. 196). Es wurde aber dann entschieden, für diese bedeutende Bauaufgabe einen Architektenwettbewerb auszuschreiben. Allerdings brachte auch der 1963/64 durchgeführte Wettbewerb mit 11 eingeladenen Teilnehmern außer dem zur Ausführung empfohlenen Scharoun-Projekt nicht die erwartete Fülle von Anregungen und Lösungen. Die Palette der Entwürfe enthält lebendige und offene bauliche Gruppierungen, räumliche Entwicklungen in der Horizontalen und pavillonartige Strukturen mit Magazintürmen. Flachbauten mit Innenhöfen stehen neben Baukörpern in freier bauplastischer Gestaltung, einmal sich stärker anpassend an Scharouns Philharmonie, zum anderen ausgeprägter die Verwandtschaft mit Mies van der Rohes Nationalgalerie suchend. Kreisförmige Grundformen oder Stufungen, besonders in Pyramidenform, bestimmen andere Planungen.[48]
In der Chronologie der Bauten und Entwürfe soll eine Diplomarbeit von 1965 erwähnt werden, in der für die Bauaufgabe Staatsbibliothek ein bevorzugter Bauplatz am Charlottenburger Schloß gewählt wurde. Damit wurde alter Tradition hinsichtlich der Nähe zum Schloß und zur Straße Unter den Linden einschließlich ihrer Verlängerung nach Charlottenburg gefolgt. Der Entwurf besteht aus einem flach gehaltenen Gebäude mit Lesesälen, die zum Schloß orientiert sind, einem Verwaltungsteil auf der entgegengesetzten Seite und dazwischen geschobenen Magazinbereichen.[49]
Ein bauliches Provisorium war die Traglufthalle (Abb. 201–03) der Staatsbibliothek, in der ein Teil der rückgelagerten Marburger Bestände zwischenzeitlich untergebracht war. Sie wurde 1972 durch einen Orkan zerstört (Abb. 204–05).
Die funktionale Grundkonzeption des Scharoun-Entwurfs für die Staatsbibliothek (Abb. H, 197) besteht in einer bandartigen Gebäudestruktur: »Um die Kernzone mit den Fördereinrichtungen, Leihstellen, Toilettenanlagen und technischen Räumen ist beidseitig ein Verkehrsband gelegt, an das sich nach Osten die bibliothekarischen Arbeitsräume und nach Westen das Band der Lesesäle legen. Die Verkehrsbänder sind durch drei Treppenaufgänge untereinander verbunden, die sich als Erschließungsachsen in die Lesesäle fortsetzen. Die Vertikalstruktur entsteht wiederum durch die Kernzone, deren Fördereinrichtungen die 6 oberen Magazine und die 2 ausgedehnten unterirdischen Magazine verbinden.«[50] Während der Planungszeit ergaben sich zahlreiche Ver-

48 Wettbewerb Staatsbibliothek Berlin. In: Bauwelt 55 (1964) 40/41, S. 1067–1092.
49 cand. ing. Gensewich/Fakultät für Architektur der Technischen Universität Berlin. Fotos der Entwurfszeichnungen liegen in der Dokumentationsstelle für Gebäudelehre der Universitätsbibliothek.
50 Hans Scharoun. Hrsg. Peter Pfankuch. Berlin 1974, S. 345. (Schriftenreihe der Akademie der Künste. 10.)

H Neubau von Westen. Foto von 1979

änderungen ursprünglicher Vorgaben, die nach Meinung des Architekten zu Beeinträchtigungen der Funktionen und der Raumwirkungen geführt haben, z. B.

- die Zahl der Mitarbeiter erhöhte sich wesentlich, so daß einige Bauteile anders genutzt werden mußten und beispielsweise ein Magazingeschoß umgewidmet wurde,
- ein zusätzliches Installationsgeschoß wurde erforderlich,
- der Zeitschriftenlesesaal wurde aufgegeben,
- auf das Lehrinstitut wurde verzichtet und die Räume für andere Bibliothekszwecke hergerichtet,
- anstelle des ursprünglich geplanten Restaurants wurde das Iberoamerikanische Institut in den Baukomplex einbezogen,
- die Zahl der Leseplätze wurde auf nahezu die Hälfte zugunsten von Regalen reduziert,
- die Oberlichtpyramiden wurden verändert,
- die Fassadenkonzeption wurde nicht realisiert.

Zusammenfassend ist zu sagen, daß der Bau teilweise anders ausgeführt wurde und anders benutzt wird als er geplant war. Dem Bau wurde eine ausgesprochen konventionelle Betriebsorganisation vorgegeben, wie sie für vergleichbare Bibliotheken dieser Größenordnung üblich ist. Neuerungen oder Weiterentwicklungen in bibliotheksorganisatorischer oder bibliothekstechnischer Hinsicht sind kaum zu finden.
Neue Formen der Raumkonzeption gehen weitgehend auf Vorschläge des Architekten zurück.[51] Die Idee der Lesesaallandschaft ist kein Aspekt der Funktion, sondern es steht die Vorstellung von gewissen idealen Gemeinschaftserlebnissen dahinter, die auch schon bei anderen Bauten des Architekten, beispielsweise der Philharmonie, eine wichtige Rolle spielten. Das Konzept der Großräume für die Buchbearbeitung entstand anfänglich aus funktionalen Überlegungen, wurde mehrfach verändert und war letztlich in der gebauten Form unbefriedigend. Das Foyer oder die Galerie »ist ein Innenraum, ein halböffentlicher Ort, von dem aus Lesesäle und Büroräume ersichtlich sind, Orientierung und Ort gelegentlicher Begegnung, aber auch innerstädtischer Platz ohne spezielle Funktion«.[52] Hier ist zu erkennen, daß Scharoun in seinen Entwürfen immer stadträumlich gedacht hat. Es gilt hier auch, was eigentlich über die Rationalisten gesagt wurde: »die verloren gegangene Einheit der Stadt wird durch städtische Strukturen in den architektonischen Einheiten kompensiert.«[53]
Wer das Haus beim Durchschreiten und im Verweilen erlebt hat, wird sich kaum den Wirkungen dieser Raumschöpfung entziehen können. Das fertige Bauwerk wird bei dem für Architekturerlebnisse offenen Betrachter überwiegend die gleiche Begeisterung hervorrufen, die seinerzeit die Jury des Architektenwettbewerbs bei der einstimmigen Vergabe des ersten Preises an Scharoun empfand.[54]
Wenn die Mitarbeiter der Bibliothek befragt würden, fiele der Beifall vermutlich gedämpfter aus. Eine Anzahl funktionaler und baulicher Mängel, wodurch sie auch entstanden sein mögen, beeinträchtigen den Bibliotheksbetrieb. Die Bibliotheksbenutzer haben dieses Gebäude sehr schnell angenommen. Die guten Arbeitsmöglichkeiten und die verschiedenartigen Raumgestaltungen schaffen eine Atmosphäre, die der geistigen Arbeit förderlich ist und allgemein als wohltuend empfunden wird.
Insgesamt ist dieser Bibliotheksbau so vielfältig erlebt und bereits so umfangreich dokumentiert worden, daß auf eine detaillierte Beschreibung verzichtet werden kann.
Große Bibliotheken haben neben der bibliothekarischen Funktion der Literaturversorgung fast immer auch eine bedeutende Aufgabe als kulturelles Zentrum. Für die heutige Staatsbibliothek gilt das als besonderes Charakteristikum, wesentlich stärker ausgebildet als bei den Vorgängerinstitutionen. Ein kontinuierliches Programm von Ausstellungen mit einem sehr weiten Spektrum von geistesgeschichtlichen, gesellschaftlichen und

51 Wisniewski, Edgar: Raumvision und Struktur – Gedanken über Hans Scharouns Konzeption zum Bau der Staatsbibliothek. In: Staatsbibliothek Preußischer Kulturbesitz. Festgabe zur Eröffnung des Neubaus in Berlin. Wiesbaden 1978, S. 144–158.

52 Speidel, Manfred: Gedanken zur Staatsbibliothek. In: Arch + 11 (1979) 43/44, S. 10.

53 Fester, Marc; Nikolaus Kuhnert: Der Tod der Architektur und die Antworten der Architekten. In: Arch + 10 (1978) 37, S. 3.

54 Drozd, Rückblick..., a. a. O., S. 137–138.

künstlerischen Themen gehört zum Kulturleben Berlins. Ebenso bilden die im Saalbau stattfindenden Veranstaltungen, Lesungen, Vorträge, Tagungen, Konzerte und Aufführungen eine breite Angebotspalette. Diese lebendige Vielfalt kultureller Aktivitäten ist für die Staatsbibliothek die Ergänzung zu ihren Primärfunktionen der Literaturversorgung für die Stadt und zu den überregionalen Aufgaben.

Zusammenfassung

Aus dem Spektrum der »Bauten und Entwürfe« heben sich, unabhängig von einer Wertung, vier Beispiele als wesentlich für die Baugeschichte heraus: die »Kommode«, die Schinkel-Entwürfe, der Ihne- und der Scharoun-Bau.
Bedingt durch die Veränderungen in Funktion und Größe lösten sich kulturelle Aktivitäten aus dem Schloßbereich und wuchsen zu selbständigen Bauobjekten, wie Bibliothek, Theater, Museum, heran. Sie entfernten sich räumlich vom Schloß, entsprechend der Zunahme des Einflusses anderer gesellschaftlicher Kräfte und der Vergrößerung des Stadtorganismus.
Alle vier genannten Objekte haben eine ihrer inhaltlichen Aufgabe angemessene Einordnung in das Stadtgefüge erhalten, ob am Friedrichsforum, hinter der Universität, an der Straße Unter den Linden oder am Kemperplatz. Sie waren mit ihrem Anspruch als kulturelle Institution immer Objekt städtebaulicher Platz- oder Zentrumsgestaltung, z.B. »Kommode« und Scharoun-Bau als wesentliche Teile eines Forums.
Anlaß für den Neubau eines Bibliotheksgebäudes waren zumeist Platzmangel und daraus resultierende unzweckmäßige Unterbringung. Hinzu kamen Repräsentationsbedürfnisse, technische Probleme und politische Gründe. In den beschriebenen Bauten und Entwürfen ist die aus der allgemeinen Architekturentwicklung abgeleitete Betonung der Zweckerfüllung zunehmend ablesbar.
Eine Gemeinsamkeit der drei gebauten Bibliotheken liegt darin, daß sie im Stadtbild charakteristische Markierungen gesetzt haben. Architekturgeschichtlich stellen sie Endpunkte der jeweiligen Stilepoche dar. Bei der »Kommode« war »die Zeit für dieses bewegte Barock längst abgelaufen, in der weiteren Umgebung standen bereits Bauten des gemäßigten Klassizismus.«[55] Der Ihne-Bau ist ein Beispiel des Historismus und verwendet Formelemente aus der Zeit des Übergangs von der italienischen Hochrenaissance in die Barockbaukunst. Dies erfolgte zu einer Zeit, wo in Berlin bereits die Architekten Alfred Messel, Peter Behrens und Bruno Paul wirkten. Scharouns Jahrhundertbau, »der goldene Bücherbuckel von Berlin«[56] scheint in der Endphase der modernen Architektur zu stehen. Im Unterschied zu den beiden vorangegangenen Beispielen stellt dieser Bibliotheksbau jedoch gleichzeitig einen der Höhepunkte dieses Zeitabschnitts dar.

55 Leyh, a.a.O., S.114.
56 Sack, Manfred: Der goldene Bücherbuckel von Berlin. Eröffnet: die Staatsbibliothek Preußischer Kulturbesitz – Hans Scharouns letztes Werk. In: Die Zeit, Nr.51 v. 15.12. 1978, S.41f.

Ausstellungskatalog

I. Die Bibliothek in der Zeit

Die Zeit

Die Geschichte der Staatsbibliothek ist jetzt 325 Jahre alt. Sie beginnt im Stil des Frühabsolutismus mit einem Befehl des Großen Kurfürsten (Abb. 2). Wir sind in einer Zeit, die sich aus den Wirren des 30jährigen Krieges (Abb. 3) befreit hat, einer Epoche höfischer Kultur und polyhistorischer Gelehrsamkeit. Der Anfang steht also im Zeichen monarchischer Herrschaft, barocker Prachtentfaltung, Kunst und Geistigkeit. Heute, mehr als drei Jahrhunderte danach, finden wir eine völlig andere Welt vor, eine von ideologischer und politischer Zerrissenheit geprägte Gegenwart (Abb. 4), die sich abermals mit den Folgen einer 30jährigen Weltkriegsepoche auseinanderzusetzen hat. Dazwischen liegen Phasen der brandenburgisch-preußischen Geschichte von ungleichem Gewicht, mit Aufstieg und Niederlage, Krisen und Höhepunkten. Auch die Staatsbibliothek erlebt Zeiten des Aufschwungs, der Stagnation und des Wiederaufbaus. Ihre wechselvolle Entwicklung spiegelt die Geschichte des Staates wider, dessen zentrale Bibliothek sie wird.

Das Thema

Doch nicht diese allgemeine Geschichte der Bibliothek, mit Bestandsaufbau und äußerem Wachstum als den thematischen Schwerpunkten, ist Gegenstand dieser Ausstellung. Wo vom »Haus und seinen Leuten« die Rede ist, erscheint es vielmehr angemessen, vom jeweiligen Domizil unserer Bibliothek auszugehen, den Stoff folglich auf vier, freilich ungleich lange Zeitabschnitte zu verteilen.

Das Haus

Welchen Stellenwert hat die Behausung für eine Bibliothek? Dazu sei Adolf von Harnack (Abb. 5) gehört, der sich anläßlich der Einweihung des wilhelminischen Prachtbaues (22. März 1914) wie folgt äußert: »Für jedes wissenschaftliche Institut ist die Stätte, ist das Haus eine wichtige Voraussetzung der Arbeit und des Gedeihens. Aber für eine Bibliothek, zumal für eine Zentralbibliothek, ist das Haus sehr viel mehr als eine Voraussetzung. Es ist zu einem wichtigen Teile schon die Sache selbst«, es muß »für die sichere Konservierung der Bücherschätze, für ihre zweckmäßige und übersichtliche Aufstellung, und für ihre einfache und leichte wissenschaftliche Benutzung bürgen.«

Unser Haus

Ist unsere Bibliothek diesen Vorstellungen ihres damaligen Generaldirektors in ihrer langen Baugeschichte immer gerecht geworden? Keineswegs. Über weite Strecken ist sie in unzulänglichen Räumen untergebracht. Das gilt für die Zeit des Provisoriums im Hohenzollernschloß (Abb. 6), wo die Bibliothek gleichsam ein Untermieterdasein auf Abruf führt, ebenso wie für lange Zeiten ihrer Unterbringung in der friderizianischen »Kommode« (Abb. 7). Diese kann die rasch anwachsenden Bestände in ihren schließlich bedrohlich überalterten Räumen je länger desto weniger befriedigend aufnehmen.

Doch wenden wir zuvor einen vergleichenden Blick auf die allgemeine Entwicklung des Bibliotheksbaues. Vergegenwärtigen wir uns an einigen europäischen Beispielen, wie im

Wandel der Zeiten eine große, öffentliche Bibliothek ausgesehen hat. Wo las man früher, wenn es außerhalb der eigenen vier Wände geschehen sollte?

Andere Bibliotheksbauten

Wir unterscheiden im wesentlichen drei sich ablösende Stilrichtungen. Die allgemeine Entwicklung geht vereinfacht von der

a) als ideelle Einheit (Kosmos) konzipierten Einraum- oder Saalbibliothek des Barockzeitalters
über die
b) Aufteilung des Saals in verschiedene, meist kleinere Einheiten und Absonderung der Verwaltung
zur
c) funktional aufgegliederten, räumlich nicht mehr zusammengefaßten, sondern arbeitsteilig angelegten modernen Gebrauchsbibliothek.

Repräsentative Beispiele sind für

a) Mailand: Biblioteca Ambrosiana (Abb. 8)
Wien: Hofbibliothek in der kaiserlichen Hofburg (Abb. 9)
b) Göttingen: Universitätsbibliothek (Abb. 10)
München: Hof- und Staatsbibliothek (Abb. 11)
c) Paris: Bibliothèque Nationale (Abb. 12)
Marburg: Universitätsbibliothek (Abb. 13)

1 Luftbildkarte der Berliner Innenstadt. Aufgenommen im Februar 1939, ein halbes Jahr vor Ausbruch des 2. Weltkrieges.
Eingezeichnet sind die fünf Hauptstandorte, die die Bibliothek im Verlauf ihrer mehr als 300jährigen Geschichte eingenommen hat:

1 Residenzschloß: Apothekenflügel (1661–1780/82)
2 »Kommode« (1780/84–1909)
3 Der Bibliotheksbau Unter den Linden (ab 1909/14)
4 Das Provisorium im Bendler-Block (1965–78)
5 Der Scharoun-Bau (ab 1972/78)

3
1
2
4
5
B E R L I N
Sportpl.
Straßenbf.
Spree
Osthafen
Hafen
Flughafen
Berlin-Tempelhof

2 Friedrich Wilhelm, der Große Kurfürst

3 Gerard Ter Borch, Friedensschwur von Münster 1648

4 Blick vom Reichstag auf Brandenburger Tor und Mauer 1964

5 Adolf (von) Harnack (1851 bis 1930), Generaldirektor der Königlichen Bibliothek

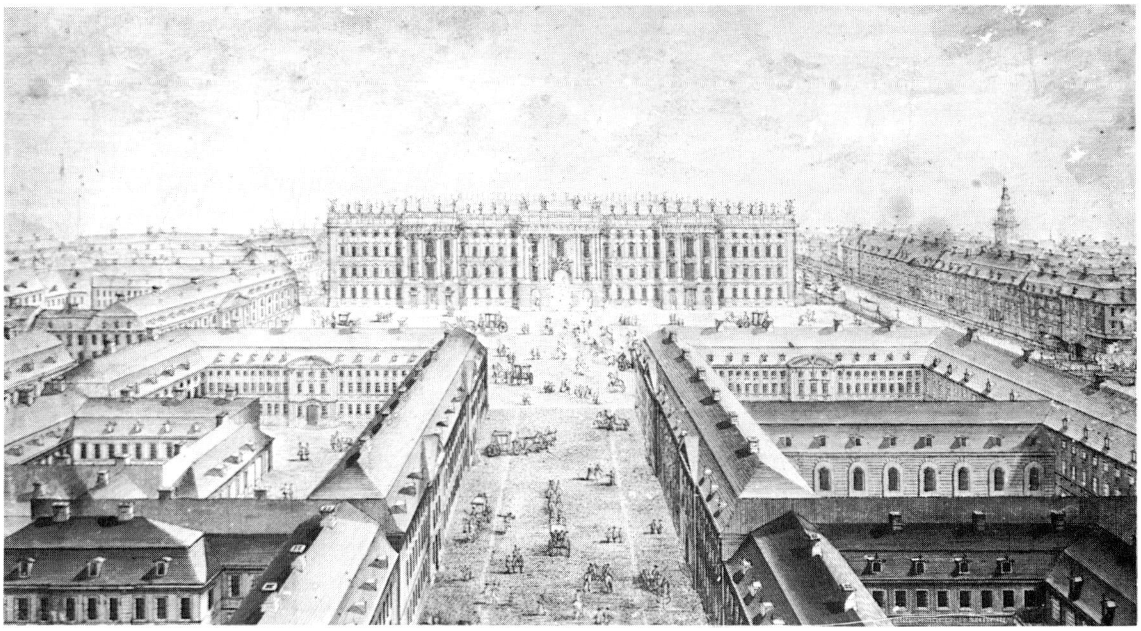

6 Ansicht des Berliner Schlosses von der Breiten Straße. Jan de Bodt zugeschriebene Zeichnung um 1707

7 Adolph Menzel: Holzschnitt der »Kommode« 1842

8 Mailand – Biblioteca Ambrosiana (1603–09). Der fast ideale Typus einer reichgeschmückten barocken Saalbibliothek, die quergestellte Bücherreihen nicht zuläßt: »Der vornehmste Raum, der für gedruckte Bücher in Italien jemals eingerichtet worden ist« (Georg Leyh), 26 m lang, 15 m hoch. Die vollen Bücherwände sind durch eine Galerie unterteilt, die Bücher durchgängig mit weißen Pergamenteinbänden versehen.

9 Wien – Kaiserliche, später K. K. Hof-Bibliothek. Erbaut 1722–26 von Johann Bernhard Fischer von Erlach (d. Ä.). Der raumdurchflutete Prunksaal, heute Standort der bibliophilen Bibliothek des Prinzen Eugen, ist das wohl prächtigste Beispiel einer Barockbibliothek auf deutschem Boden. Der Saal von sehr großen Ausmaßen (rund 78 × 14 × 15 m) erhält sein Licht durch die reichbemalte und vielfenstrige ovale Kuppel. Entlang den Saalwänden und bis an die vorspringenden mächtigen Pfeiler heranreichend erstrekken sich auf zwei Etagen wie beiläufig die Büchergalerien – ein »Traum in Architektur« (Georg Leyh).

10 Göttingen – Universitätsbibliothek. Gegründet 1737, wird sie schon im 18. Jahrhundert die führende deutsche Universitätsbibliothek. Auch heute gehört sie mit über 3 Millionen Bänden zu den größten Bibliotheken Deutschlands.
Den abgebildeten Saal der ehemaligen Paulinerkirche aus dem 14. Jahrhundert bezieht die Bibliothek 1812. Er ist nicht mehr für Verwaltungszwecke, sondern fast ausschließlich als Magazin- und Arbeitsraum hergerichtet und zunächst vornehmlich für die historischen Bestände bestimmt. Die später aufgestellten Büsten erinnern an bedeutende Gelehrte der Göttingischen Universität.

11 München – Königliche Hof- und Staatsbibliothek. Ein repräsentativer, im Palazzostil errichteter 150 m langer Prachtbau an der »Via triumphalis« (Ludwigstraße) – der größte Bibliotheksbau der Zeit (1832–43); Architekt Friedrich von Gärtner. Kennzeichnend für die innere Ausgestaltung ist

- die Aufteilung der Bücher, die anfangs ausschließlich in Wandgestellen untergebracht sind, auf viele kleine 8 m hohe Säle mit je 2 Galeriebändern, welche die volle Ausnutzung der Wände ermöglichen;
- die getrennt davon im rückwärtigen Bereich angelegten besonderen Benutzer- und Verwaltungsräume.

12 Paris – Bibliothèque Nationale. Der Um- und Erweiterungsbau (1854–88) kam fast einem Neubau gleich. Es ist dies der 2. bedeutende Pariser Bibliotheksbau von Henri Labrouste. Wie die als »Bahnhofshalle« verschriene St. Geneviève (1843–50) eine fast reine Eisenkonstruktion, einschließlich des Magazinfußbodens, der aus Rosten besteht. Während der hier abgebildete Lesesaal noch die gewohnten Wandreposituren aufweist, zeigt das fünfgeschossige Zentralmagazin (42×28 m), erstmals mit der niedrigen Geschoßhöhe von 2,30 m, in voller Konsequenz die moderne Form frei in den Raum gestellter Bücherregale, freilich noch mit einem Achsenabstand von 3 m.

13 Marburg – Universitätsbibliothek. Das wohl beste Beispiel auf deutschem Boden für die moderne, in Architektur und Funktion strikt dreigegliederte Bibliothek (1897–1900). Magazin, Verwaltung und Benutzung bilden drei deutlich voneinander abgesetzte Bauteile, mit dem unvermeidbaren Nachteil freilich, daß der bevorzugte Verwaltungstrakt die beiden äußeren Bereiche ungebührlich auseinanderreißt. Im übrigen beherbergt dieses Gebäude in der Nachkriegszeit für rund drei Jahrzehnte (1946/47–77) die einstige Hessische, dann Westdeutsche bzw. Staatsbibliothek.

II. Die Bibliothek im kurfürstlich-königlichen Residenzschloß 1660–1780

Daten zu Geschichte, Kunst und Wissenschaft

	im Staate Brandenburg-Preußen	*in der Stadt Berlin*
1648	Westfälischer Friede: Ende des 30jährigen Krieges	1647: Anpflanzung der ersten Lindenbäume
1658–83		Bau der Festungsmauer nach dem Plan Memhardts
1660	Friede von Oliva: Anerkennung der brandenburgischen Lehnshoheit über das östliche Preußen	
1662		Anlage von Friedrichswerder
1674		Gründung der Dorotheenstadt
1685	Edikt von Potsdam: Aufnahme der Hugenotten. Wirtschaftlicher und kultureller Aufschwung in der Mark und	zumal Berlins
1688–95		Errichtung der Friedrichstadt
1690/94	Gründung der Universität Halle	
1694/96		Gründung der Akademie der Künste
1699/1706		Ausbau des Schlosses durch Schlüter
1700		Gründung der Akademie der Wissenschaften
1701	Preußen wird Königreich	
1709		Vereinigung der drei Neustädte mit Berlin und Cölln zur »Residenzstadt Berlin«
1713	Errichtung des Kgl. Lagerhauses als merkantilistisches Zentrum der Wollindustrie in Preußen	
seit 1721		starke Erweiterung der westlichen Neustädte
1722/23	Zentralisierung der Verwaltung im »Generaldirektorium«	

1723		Gründung der Verlagshandlung Haude & Spener
1726		Errichtung der Charité
1734–46		Beseitigung der Festungswerke
1740–63	Zeit der drei schlesischen Kriege	
1740–73		»Unter den Linden« wird zur Prachtstraße Berlins ausgebaut (Forum Fridericianum und Umgebung: Oper, Dom, Prinz-Heinrich-Palais, Akademiegebäude, Hedwigskirche)
1758		Friedrich Nicolai übernimmt den väterlichen Verlag
1763	Gründung der Kgl. Porzellanmanufaktur	
1772	1. polnische Teilung: Einverleibung Westpreußens	
1774		Bau des französischen Komödienhauses am Gendarmenmarkt
1780–94	Ausarbeitung (C. G. Svarez) und Inkraftsetzung des Preußischen Allgemeinen Landrechts	1780–87: Errichtung des Deutschen und Französischen Doms (Gendarmenmarkt)
1781	Kants »Kritik der reinen Vernunft«	
1786	Friedensstärke des preußischen Heeres beim Tode Friedrichs II.: ca. 190000 Mann	Aus dem Komödienhaus wird das Kgl. Nationaltheater

Das Umfeld

Diese 120 Jahre währende Zeitspanne ist für die Entwicklung des brandenburgisch-preußischen Staates und seiner Hauptstadt Berlin ungemein folgenreich. Es ist die Epoche des Absolutismus – vom Ausgang des konfessionellen Zeitalters bis zum Höhepunkt der Aufklärung. Gängige Herrschaftsform in Europa wie im Deutschen Reich ist die Monarchie. Sie stützt sich vornehmlich auf Heer, Adel und Beamtentum. Die Machtentfaltung der einzelnen Staaten bewirkt einen andauernden wirtschaftlichen, bald auch kulturellen Aufschwung. An ihm hat auch die Bevölkerung Anteil, zumal das aufstrebende Bürgertum, welches sich mit zunehmender Teilhabe an den Bildungsgütern der Zeit von den Fesseln religiöser und geistiger Bevormundung zu befreien sucht.

Berlin

Auch Berlin (Abb. 15) wandelt sich in dieser Zeit beträchtlich
- von einer engen, dem kurfürstlichen Regiment unterstehenden Festungsstadt zur höfischen Residenz im Zeitalter des aufgeklärten Absolutismus;
- von einer durchschnittlichen Mittelstadt im Kurfürstentum Brandenburg zur lebendigen, sich zumal nach Westen öffnenden Hauptstadt des Königreiches Preußen;

- vom wirtschaftlich unbedeutenden Gemeinwesen einer nur militärisch respektierten Mittelmacht
  zum industriellen und Handelszentrum einer europäischen Militärmacht (Abb. 16);
- vom geistig unauffälligen, zumal in Wissenschaft und Buchkultur unterentwickelten Provinzialismus
  zum kulturell aufblühenden, wissenschaftlich, buchhändlerisch und bibliothekarisch anerkannten Zentrum eines großen Staates (Abb. 17).

Die Bibliotheken

Noch im späthumanistischen 17. Jahrhundert ist manche große Gelehrtenbibliothek den von Fürsten unterhaltenen Büchersammlungen überlegen. Erst im säkularisierten 18. Jahrhundert wachsen mit der steigenden Bücherproduktion viele dieser Hof- und Stadtbibliotheken aus ihrer bisher untergeordneten, oft musealen Rolle heraus und öffnen sich den Kreisen des bildungsbeflissenen Bürgertums. Vorausschauende Bibliothekare der Zeit nehmen diesen bildungspolitischen Wandlungsprozeß theoretisch vorweg, so vor allem Gabriel Naudé (Abb. 18) im frühen und Gottfried Wilhelm Leibniz im ausgehenden 17. Jahrhundert. Sie fordern: Die Bibliotheken seien nicht so sehr der äußeren Zierde und fürstlichen Repräsentanz wegen da, sondern sollten vorrangig einem breiteren Publikum zu ernsthafter Arbeit und Forschung dienen. Naudé empfiehlt den fürstlichen Landesherren,
»sich ein großes Ansehen unter den Volksmassen zu verschaffen«, indem sie »schöne und prächtige Bibliotheken errichteten, um sie dann der Öffentlichkeit zur Benutzung zu weihen und zu widmen« (1627).

Ihr Nutzen

Noch stärker hebt Leibniz (Abb. 19) gegenüber den Herzögen von Braunschweig-Wolfenbüttel die Gemeinnützigkeit
»einer großen fürstl. Bibliothec« hervor: deren »Endzweck bestehet meines ermessens... in denen... zwey stücken: nehmlich in dem nuzlichen Gebrauch vor Männiglich u. in dem hohen Ruhm der Herren selbsten, so dergleichen thesaurum zu gemeinem besten zusammen bringen u. unterhalten lassen. Der nüzliche Gebrauch einer großen Bibliothec beruhet darinn, daß sie sey gleichsam eine Schatzkammer von allerhand Wißenschafften u. Nachrichtungen, darinn zu finden was allen Professionen... dienen kan« (1695).

Soweit die Wunschvorstellungen führender Bibliothekare der Zeit. Der damaligen Wirklichkeit näher kommen gewiß die umständlichen Betrachtungen des reisenden Kaufmannes Caspar Friedrich Jenckel alias Neickel. Er rückt in seiner *»Museographia«* von *1727* (Abb. 20) die Bibliotheken in einen sehr anderen Zusammenhang, wenn er schreibt:

»Da aber Bibliothequen nicht allein schöne Bücher, sondern auch offt und vielfältig mancherley rare Dinge aufzuweisen haben; so wird mir der g. Leser um desto eher zu gute halten, daß ich die Bibliothequen mit gröstem Fug und Recht unter Raritäten-Behältnisse, noch besser aber unter Musea zähle.«
»Die vortreffliche Bibliothec dieser Stadt« immerhin sei »durch den treuen Fleiß der Churfürstlichen Bibliothecariorum in Zusammenbringung und Aufkauffung vieler herrlicher Bücher um ein grosses vermehret worden«.

Hist
BRANDENBURGI
nach sei
Länderbestand der Bran
Erwerbungen unter den Ku
" " " Kurf.
" " " Kg. F
" " " Kg. F
" " Kg. F
" " durch die B
" " unter Kg. V
Hzgt. bedeutet Herzogthum, Fst. Für
O. L. v. Ferro
O. L. v. Paris
Halber Maßstab des oberen Cartons
LEIPZIG
METZ
NORDSEE
Jütland
DÄNEMARK
Seeland
Fünen
KOPENHAGEN
Schleswig
Holstein
Flensburg
Kiel
Lübeck
HAMBURG
BREMEN
HANNOVER
Altmark
MAGDEBURG
BERLIN
Potsdam
Braunschweig
Oldenburg
Münster
Osnabrück
Minden
Paderborn
Cöln
Coblenz
Trier
Kassel
Göttingen
Halle
Erfurt
Weimar
Gotha
Fulda
FRANKFURT
Mainz
Darmstadt
Würzburg
Bamberg
Baireuth
Erlangen
NÜRNBERG
Anspach
Heidelberg
Mannheim
Rhein-Pfalz
Carlsruhe
STRASSBURG
STUTTGART
WÜRTEMBERG
AUGSBURG
MÜNCHEN
Regensburg
Landshut
Freiburg
Metz
Nancy
Sedan
Luxemburg
AMSTERDAM
Utrecht
Zuider See
West-Friesland
Groningen
Emden
Ost-Friesland
Leer
Maastricht
LÜTTICH
Eupen
Aachen
Dresden
Leipzig
Chemnitz
Zwickau
Plauen
Eger
Pilsen
Böhmen
Stralsund
Rügen
Greifswald
Rostock
Wismar
Schwerin
Meklenburg
Neu-Ruppin
Stendal
Tangermünde
Wittenberg
Dessau
Zerbst
Anhalt
Fehmarn
Falster
Laaland
Moen
Malmö
Lund

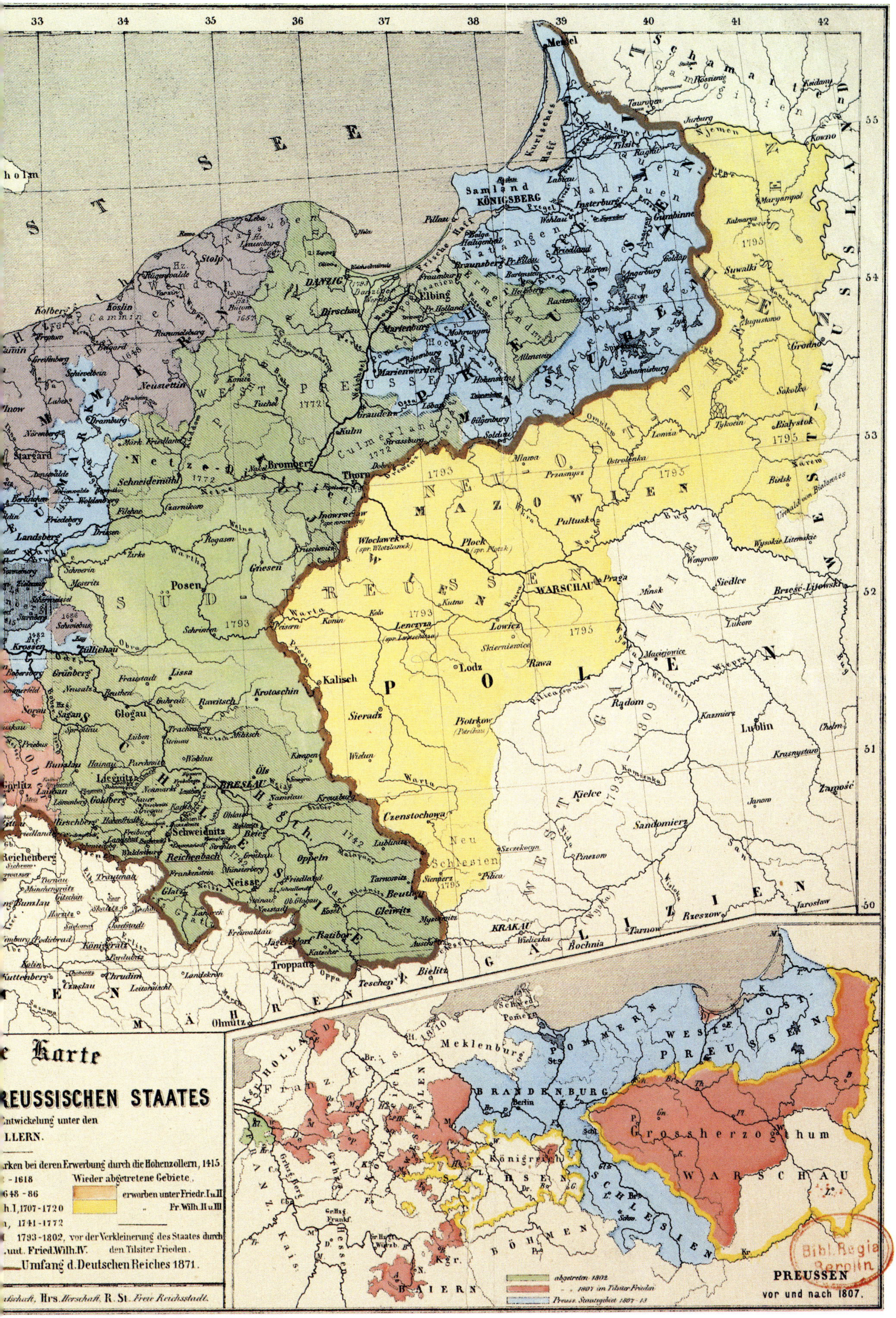

e Karte
REUSSISCHEN STAATES
Entwickelung unter den
LLERN.
rken bei deren Erwerbung durch die Hohenzollern, 1415
- 1618
648 - 86
h. I, 1707 - 1720
, 1741 - 1772
1793 - 1802, vor der Verkleinerung des Staates durch
und Fried. Wilh. IV. den Tilsiter Frieden.
Wieder abgetretene Gebiete.
erworben unter Friedr. I. u. II.
Fr. Wilh. II. u. III.
Umfang d. Deutschen Reiches 1871.
tschaft. Hrs. Herrschaft. R. St. Freie Reichsstadt.
PREUSSEN
vor und nach 1807.
abgetreten 1802
1807 im Tilsiter Frieden
Preuss. Staatsgebiet 1807-13
Grossherzogthum
WARSCHAU
Meklenburg
BRANDENBURG
SCHLESIEN
Königreich Sachsen
BÖHMEN
BAIERN
WEST PREUSSEN
OST PREUSSEN
POMMERN
Samland
KÖNIGSBERG
DANZIG
Elbing
Memel
Tilsit
Gumbinnen
Thorn
Bromberg
Posen
Gnesen
Kalisch
Lodz
WARSCHAU
Praga
Plock
Pultusk
Lomza
Bialystok
Grodno
Kowno
Suwalki
Kalwarya
Maryampol
Siedlce
Lublin
Radom
Kielce
Sandomierz
Krakau
Czenstochowa
Piotrkow
Sieradz
Wielun
BRESLAU
Oppeln
Glogau
Neisse
Ratibor
Gleiwitz
Beuthen
Troppau
Glatz
Liegnitz
Reichenbach
Schweidnitz
Schneidemühl
Landsberg
Stargard
Kolberg
Köslin
Stolp
Lauenburg
Neustettin
Culmerland
Kulm
Graudenz
Marienwerder
Marienburg
Rastenburg
Insterburg
Allenstein
Ortelsburg
Johannisburg
Lyck
SÜD-PREUSSEN
NEU-OST-PREUSSEN
NEU-SCHLESIEN
POLEN
MAZOWIEN
WEST-GALIZIEN
GALIZIEN
MÄHREN
OST SEE
1772
1793
1795
1809
1742

Doch vergißt unser Gewährsmann nicht, im Stile der Zeit auch *»die schöne Statuen, Globos und vieler berühmten Männner Contrefaiten«* zu *erwähnen, die er »einem ieden mit allen übrigen raren Büchern und Schrifften zu selbst eigner Besichtigung« überlasse.*

Von Besichtigung ist keine Rede mehr, als ein knappes halbes Jahrhundert später Lessing, wie Leibniz Bibliothekar in Wolfenbüttel (Abb. 21), *1770* seinem Vater schreibt, der braunschweigische Erbprinz, Urgroßneffe übrigens des Leibnizschen Brotherrn, habe »mehr darauf gesehen, daß ich die Bibliothek, als daß die Bibliothek mich nutzen soll.«

Einwohnerzahl von Berlin		Bestand der Kurf./Kgl. Bibliothek (Zahl der gedr. Bände)	Vergleichbare Bibliotheken	
1660/61	ca. 10000	ca. 10000	München Wolfenbüttel	über 18000 (1651) 31000 (1666)
1688	ca. 18000	20600	Wien	90000
1712/13	61000	50000	Paris	ca. 70000 (1718)
1740	90000	72000	Wien	ca. 100000
1785/86	147000	150000	Göttingen Paris	110000 157000 (1790)

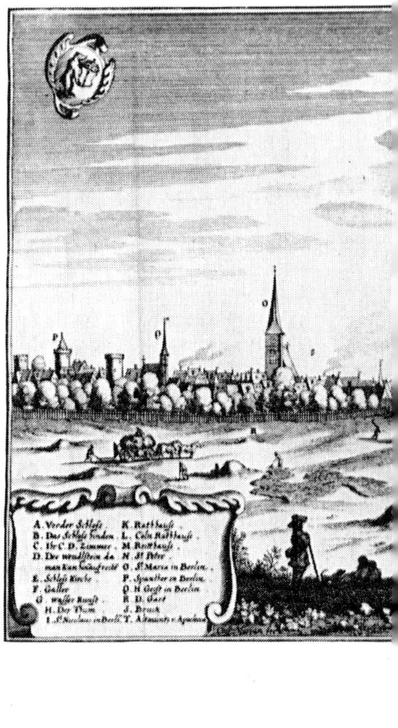

15 Merian-Stich von Berlin-Cölln. Gezeichnet 1648. Eine der frühesten Stadtansichten der Doppelstadt. Das deutlich gestochene Panoramabild hebt, von Norden nach Süden schwenkend, besonders hervor:

P Spandauer Tor innerhalb der nördlichen Stadtmauer O Marienkirche, davor R der Tiergarten auf der heutigen Museumsinsel T Apothekenflügel des Schlosses C, B, D, E, G, H das übrige Stadtschloß mit »Wasserkunst« (Wasserspiele) und der (übertrieben eingezeichnete) Dom, die alte Dominikanerkirche N, M Petrikirche und »Reithaus« (kurfürstliche Stallungen)

Die Allee im Vordergrund stellt den Anfang der soeben angelegten »Linden« dar.

16 Die Schloßwache zieht auf. Ausschnitt aus einem Gemälde von C. F. Fechhelm 1786

Allgemeine
deutsche
Bibliothek.

ΟΜΗΡΟΣ

Des ersten Bandes erstes Stück.

Berlin und Stettin,
verlegts Friedrich Nicolai,
1765.

17 Titelblatt des ersten Heftes der von Friedrich Nicolai herausgegebenen Allgemeinen Deutschen Bibliothek (1765–1806)

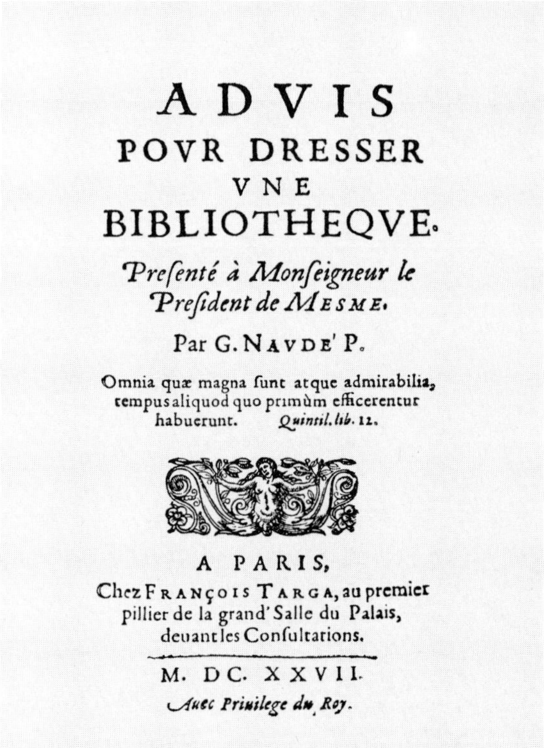

ADVIS
POVR DRESSER
VNE
BIBLIOTHEQVE.

Presenté à Monseigneur le President de Mesme.

Par G. NAVDE' P.

Omnia quæ magna sunt atque admirabilia, tempus aliquod quo primùm efficerentur habuerunt. *Quintil. lib. 12.*

A PARIS,
Chez FRANÇOIS TARGA, au premier pillier de la grand' Salle du Palais, deuant les Consultations.

M. DC. XXVII.

Auec Priuilege du Roy.

18 Titelblatt der Erstausgabe von G. Naudé, Advis pour dresser une bibliothèque. Paris 1627

19 Gottfried Wilhelm Leibniz (1646–1716). Kupferstich von Étienne Ficquet 1745

20 Titelkupfer zu: C.F. Neickel [d.i. Caspar Friedrich Jencquel (Jenckel)], Museographia oder Anleitung zum rechten Begriff und nützlicher Anlegung der Museorum oder Raritäten-Kammern. Leipzig, Breslau 1727

21 Wolfenbüttel – Bibliotheca Augusta. Diese originelle Lösung des braunschweigischen Baumeisters Hermann Korb (1706–11) – der erste selbständige Bibliotheksbau in Deutschland – verbindet barockes Raumgefühl mit weitgehender Stellwandausnutzung. Ein ovaler Kuppelsaal (die »Rotunde«) nimmt auf zwei umlaufenden Galerieebenen die Masse der reichen Bestände dieser damals führenden Bibliothek auf. Das Gebäude wurde vor 100 Jahren wegen mangelnder Feuersicherheit durch den heutigen, 1887 bezogenen Neubau ersetzt.

22 Friedrich Wilhelm, Kurfürst von Brandenburg (1620–1688). 1659 verfügt der »Große Kurfürst« die Ordnung und Verzeichnung seiner bislang privaten Büchersammlung durch Johann Raue. 1661 macht er sie, dem Beispiel anderer Standesgenossen folgend, einer – eingeschränkten – Öffentlichkeit zugänglich und läßt sie im »Apothekenflügel« seines Schlosses benutzbar aufstellen. In der Folge fördert der Kurfürst intensiv den Ausbau und die Ordnung der Bibliothek, nicht zuletzt um so seine Hauptstadt und seinen verstreuten Landen einen wissenschaftlichen und kulturellen Mittelpunkt zu geben. Er beginnt einen eigenen Bibliotheksneubau.

J.II. Nr. 940. 81.

Berlin, den 14. November 1911.

mund. Hs.

Daß die Königliche Bibliothek als ihr Gründungsjahr das Jahr 1661 betrachtet, hat nachstehende geschichtliche Unterlage:

In dem kurfürstlichen Schlosse zu Berlin befand sich unter dem Dache bereits um die Mitte des 17. Jahrhunderts eine kleine Sammlung von Büchern. Sie war aber so gering, daß der spätere Bibliothekar Christoph Hendreich von ihr bemerken konnte, der Kurfürst habe von seinen Vorfahren kaum soviel Bücher erhalten, als einem Privatmanne genügen könnten. Der große Kurfürst wurde auf den hier bestehenden Mangel aufmerksam, ja, das Interesse, eine größere Büchersammlung zu schaffen, war in ihm so lebendig, daß es ihn selbst im Feldlager nicht verließ. Aus seinem Hauptquartier zu Wiburg in Jütland erließ er am 20. April 1659 einen Befehl, einen Bibliothekar in Eid & Pflicht zu nehmen, & nach der Beendigung des Krieges durch den Frieden zu Oliva konnte der Bibliothekar Rave den Grundstock der zukünftigen Bibliothek im Jahre 1661 in einem geräumigen, wohleingerichteten & mit Gemälden geschmückten Raume des Schlosses aufstellen, nämlich in einem Saale im ersten Stockwerke des im Lustgarten gelegenen Seitengebäudes des Schlosses über der Hofapotheke. In einem besonderen, gewölbten Zimmer neben diesem Saale erhielten die Handschriften & einige Seltenheiten ihren Platz, & ein driter, heizbarer Raum wurde als Lesezimmer bestimmt. Wahrscheinlich war inzwischen die kleine kurfürstliche Sammlung durch Bestände bereichert worden aus Bibliotheken der Gebiete, die der Kurfürst durch den Westfälischen Frieden erworben hatte.

Der Tag, an welchem im Jahre 1661 die Bibliothek aufgestellt & zugänglich gemacht wurde, ist bisher nicht ermittelt worden & wird auch schwerlich ermittelt werden können.

Harnack

Herrn
Ober-Regierungs-Rat Dr. Brugger.
J. 7.

23 Gutachten Adolf Harnacks an das Ministerium zum Gründungsjahr der Kurfürstlichen Bibliothek

Keine vier Jahrzehnte trennen diese beiden frühen Pläne von Berlin. Sie halten die unter dem Großen Kurfürsten eingetretene rasche Entwicklung der Stadt fest. Memhardt – sein Plan ist nach Osten gerichtet – zeigt den noch kaum veränderten Grundriß der mittelalterlichen Doppelstadt. Sie wird immer noch begrenzt einerseits durch die mittelalterliche Befestigung mit den drei Stadttoren (Berlin), zum anderen durch den Lauf der Spree und ihren Nebenarm (Cölln). Nur das kurfürstliche Schloß, an der Schnittstelle beider Städte errichtet, und die Anlagen des Lustgartens sind seitdem hinzugekommen. Die Markierung der Lindenallee westlich des Schlosses deutet in die Richtung der künftigen Ausdehnung des Stadtbildes.

1688, im Todesjahr des Großen Kurfürsten, hat sich das Stadtgebiet mehr als verdoppelt. Aus der Doppelstadt Berlin und Cölln sind, wie das Emblem des Planes anmerkt, vier Städte geworden. Am stärksten fällt die vom Kurfürsten angelegte mächtige Befestigung, von Schultz wohl übertrieben eingezeichnet, ins Auge. Berlin ist zur Festung geworden. Sie schließt die inzwischen gegründeten Vorstädte Friedrichswerder im Süden und Dorotheenstadt im Westen ein. Die im Entstehen begriffene Friedrichstadt mit den noch kaum bebauten »Linden« dagegen sprengt schon wieder die gerade erst vollendete Ummauerung der Stadt. Von besonderem Interesse für uns ist dieser nach Nordosten gerichtete Plan, der zudem als Huldigung an den Kurfürsten konzipiert ist, wegen der Einzeichnung des – vollendeten – Bibliotheksneubaus im Anschluß an den Apothekenflügel (vgl. Abb. 30).

25 Berlin-Plan von Johann Bernhard Schultz 1688

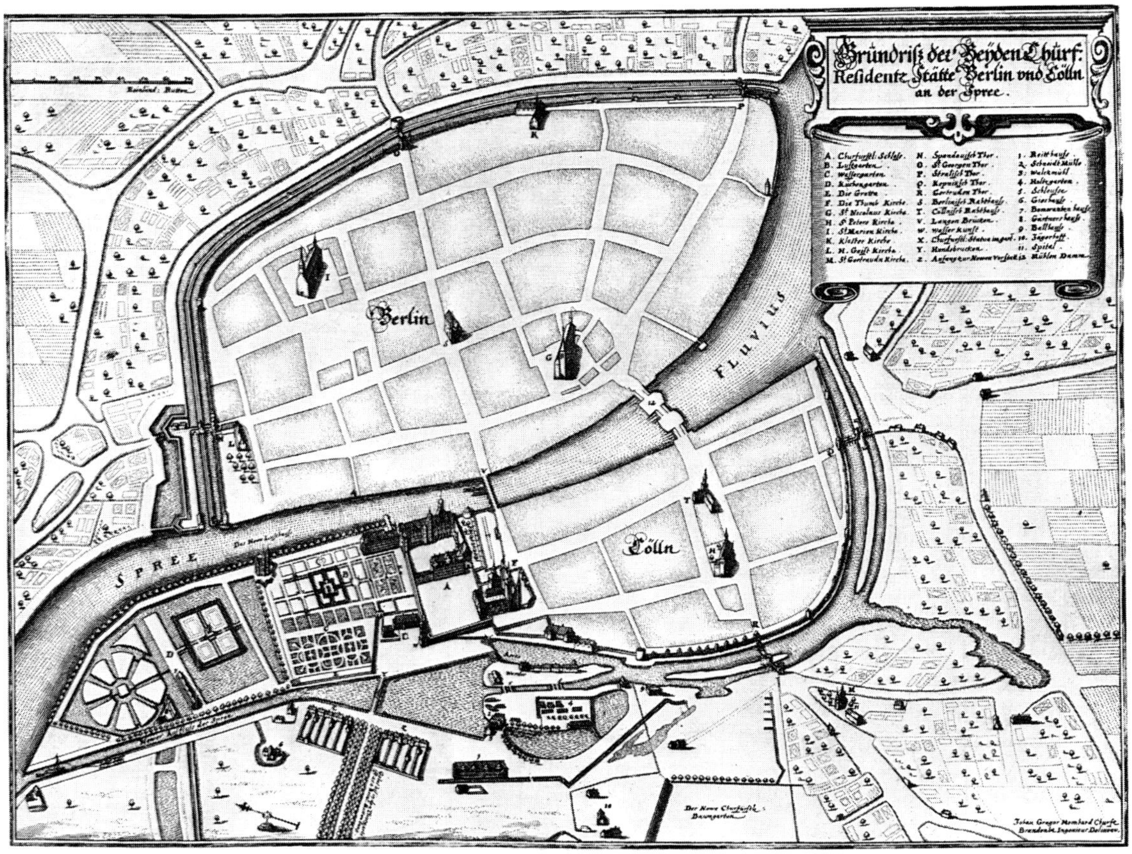

24 *Plan von Johann Gregor Memhardt.* Gestochen um 1650/51, ersch. 1652

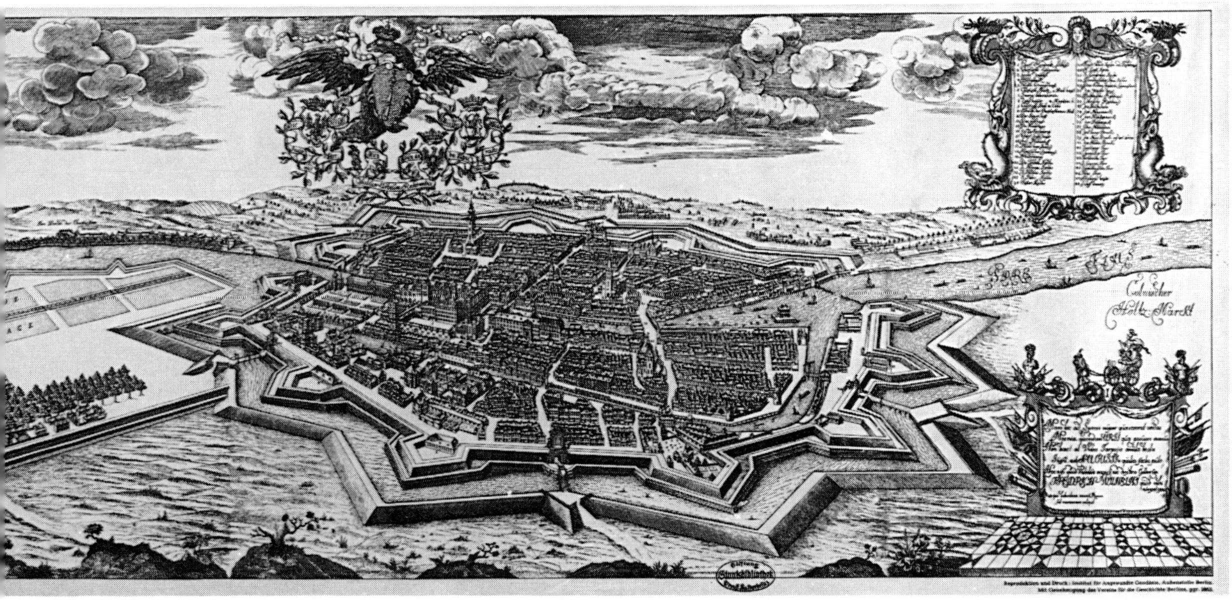

Eid des Johann Raue: »Ich Johann Rawe gelobe und schwere, Nachdem der Durchlauchtigste Fürst und Herr, ... Churfürst zue Brandenburg... Mich zu dero Bibliothecarium und dienern gnädigst bestellet und angenommen, Mir daß Inventarium und Catalogum aller verhandener Bücher, Manuscriptorum vnnd Instrumentorum extradiren, die schlüßell zuer Bibliothec vberreichen, vnnd alß dero Bibliothec zuer Inspection Mier vntergeben laßen;
Daß Ich S. Ch. Dhl. getreu, gehorsamb und gewertig sein, meinem vermögen nach deroselbtes Bestes suchen und befordern, ... die Mier anvertrawete Bücher, Manuscripta, Instrumenta vnd wie es nahmen haben magk, so vermöge des Inventarij und Catalogi anitzo verhanden, vnnd mier noch ferner vbergeben werden möchten, in trewfleißiger, sorgfaltiger obachtung auch in gueter ordnung Halten und Bewahren, das jenige so noch hinzuekömpt, fleißig registriren, und dem Inventario inseriren. ...
vnd mich in allen also verhalten vnnd erzeigen wolle, wie daßelbe einen redtlichem getrewem Bibliothecario vnnd Churf. Bedienten wol anstehet, eignet und gebühret, sonder list vnnd gefehrde, So wahr mier Gott helffe durch Christum. Amen.«
Der Eid wurde »abgelehget den 9ten Junij 1659 in der gewöhnlichen Rathstuben in Gegenwarth des H. Stadhalters vndt derer Geheimbten Räthen« (aus: Friedrich Wilken, Geschichte der Königlichen Bibliothek zu Berlin. Berlin 1828, 236f.)

26 Johann Raue (1610–1679). Raue wird 1659 vom Großen Kurfürsten zum Kurfürstlichen Bibliothekar bestellt. Zwei Jahre später beginnt unter ihm die Freigabe der bis dahin privaten »Kurfürstlichen Bibliothek«. Vorher war Raue Gymnasialprofessor am Joachimthalschen Gymnasium. Seine Tätigkeit für die Bibliothek kann nicht besonders erfolgreich genannt werden. Er bringt die Ordnung der Bücherbestände nicht zum Abschluß. Kränklichkeit und Querelen mit seinen Kollegen beeinträchtigen zusätzlich seine Arbeitsfähigkeit.

27 Die Hofapotheke im Erdgeschoß des nördlichen Spreeflügels. Gezeichnet nach alten Plänen des Schlosses 1794. Im 1. Obergeschoß dieses um 1585 unter dem Grafen Rochus Lynar erbauten Flügels zwischen Lustgarten und Spree befindet sich von 1661 bis etwa 1780 die Kurfürstliche, ab 1701 Königliche Bibliothek. Zuvor war die – private – Büchersammlung der kurfürstlichen Familie in Dachkammern des Schlosses untergebracht. Abb. der drei Bibliotheksräume sind nicht überliefert. Den 5 m hohen barocken Büchersaal (Magazinraum) schmücken zusätzlich Gemälde, Statuen und Inschriften an den Wänden und vier Globen. 1885/86 wird dieser Flügel wegen des Baus der Kaiser-Wilhelm-Brücke um das nördliche Drittel verkürzt (vgl. auch hier S. 16–17).

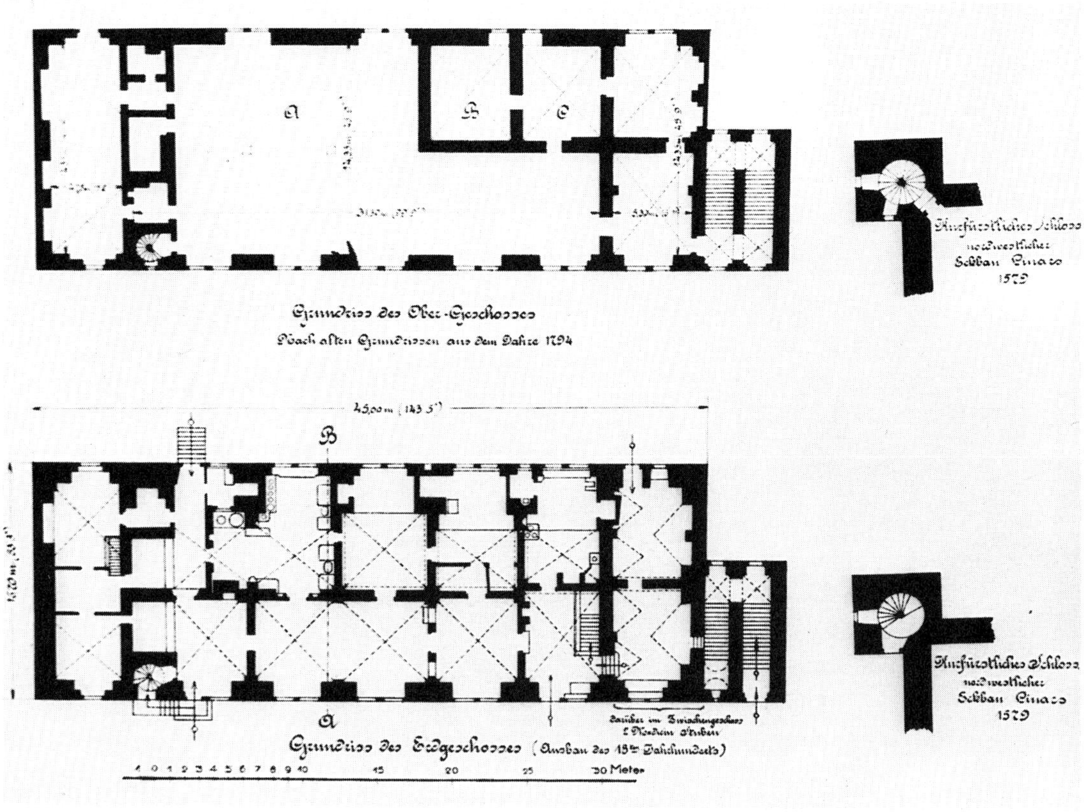

28 Grundrißzeichnungen vom Erd- und 1. Obergeschoß des Apothekenflügels 1794.

30 Ausschnittsvergrößerung aus dem Schultz-Plan von 1688. Sie zeigt den geplanten und 1687 begonnenen Bibliotheksbau des Großen Kurfürsten. Er sollte in der nach Norden verlängerten Achse des Apothekenflügels zwischen späterem Lustgarten und Spree als ein klar gegliedertes zweigeschossiges langgestrecktes Gebäude errichtet werden und die doppelte Bücherkapazität (40 000 Bde.) des vorhandenen Bestandes fassen. Das Innere sollte gemäß barocker Raumvorstellung aus einem großen Raum, ohne Zwischenwände, bestehen. Der Tod des Kurfürsten (9. Mai 1688) verhindert die Fertigstellung. Das trotz provisorischer Überdachung in der Folgezeit verwitternde Gebäude liefert Baumaterial für den friderizianischen Dombau (1747–50) und verfällt schließlich.

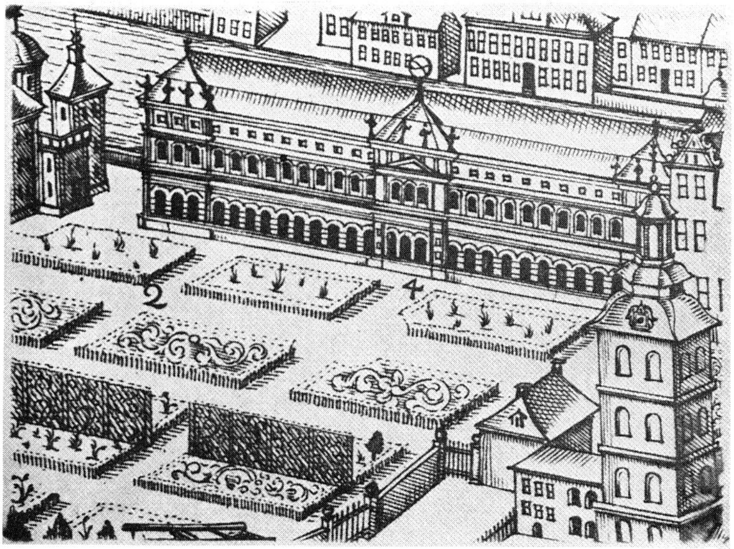

31 Johann Stridbeck d. J.: Schloß und Lustgarten 1690. Kopie des Originals von Krüger 1796. (Vgl. auch Abb. 72.)

32 Lorenz Beger: Schloßansicht mit Apothekenflügel und dem Bibliotheksneubau 1696.

An den zwei bekannten Schloßansichten von Stridbeck und Beger, gezeichnet in den ersten Regierungsjahren Kurfürst Friedrichs III., interessiert uns besonders der für die Bibliothek bestimmte Bauteil. Wir sehen jeweils links den vom Großen Kurfürsten 1687 begonnenen Neubau, der den neuen »Lust- oder Schloßgarten« zur Spree hin abschließt. Ihn gibt, wie schon Schultz 1688, auch der kurfürstliche Bibliothekar Beger (sein Blick richtet sich nach Süden) acht Jahre später als wirklich ausgeführt wieder. Stridbeck dagegen (er blickt nach Osten) zeichnet lediglich die Fassade dieses Gebäudes ein, und zwar in dem Zustand, wie er nach dem Tode des Kurfürsten tatsächlich erreicht war. Das Haus wurde provisorisch überdacht. Die letzten Reste der Ruine waren erst nach 200 Jahren beseitigt.

29 Bucheinband mit dem Bildnis des Großen Kurfürsten 1685.

34 Christoph Hendreich (1630–1702). Seit 1665, also insgesamt 37 Jahre, wirkt Hendreich an der Kurfürstlichen Bibliothek. Er macht sich vor allem um die geordnete Aufstellung der Bücher sowie um deren alphabetische Katalogisierung und fachliche Erschließung verdient. Entschieden tritt er für eine leichtere Benutzung und längere Öffnungszeiten ein. Bekannt geworden ist Hendreich zudem als Schriftsteller und Historiker.

33 Lorenz Beger (1653–1705). Beger ist seit 1686 Kurfürstlicher Antiquar und zweiter Bibliothekar in Berlin. Zuvor ist er Leiter der Kurfürstlichen Münzsammlung in Heidelberg. Der Staatsrechtler Samuel Pufendorf vermittelt ihn an die Kurfürstliche Bibliothek nach Berlin. Hier übernimmt er 1688 zusätzlich das Antikenkabinett und 1693 die Leitung der gesamten Kunstkammer. In der Bibliothek ist Beger um eine streng systematische Aufstellung der Bücher bemüht. Er setzt gegen Hendreich den für die Kurfürstliche Bibliothek so charakteristischen rot-goldenen Einband durch. Wissenschaftlich ist er als Archäologe und Numismatiker hervorgetreten. Sein wichtigstes Werk ist: Thesaurus Brandenburgicus selectus. Bd. 1–3 (1696–1701); ihm ist Abb. 32 entnommen.

35 Schriftzug Adolph Menzels 1842. Mit der Erhebung Preußens zum Königreich (1701) ändert auch die Bibliothek ihren Namen.

36 Friedrich III. (I.), Kurfürst von Brandenburg, König in Preußen (1657–1713). Friedrich setzt die Politik seines Vaters zur Förderung von Kunst und Wissenschaft konsequent fort. Die Kurfürstliche, dann Königliche Bibliothek profitiert in Bestandsaufbau und Benutzung von dieser, besonders auf äußere Repräsentation bedachten Wissenschaftspolitik; der begonnene Neubau wird aber aufgegeben.

37 Titelbild eines Weltatlas aus dem Besitz des brandenburgischen Kurfürsten Friedrich III. (von der Staatsbibliothek erworben 1983; Sign.: Kart. 19 586): Nicolas & Guillaume Sanson, Description de tout l'Univers, en plusieur cartes, en divers traitez de géographie et d'histoire ... Amsterdam 1700. – Das doppelseitige Kupfer zeigt im Vordergrund das Medaillon des Kurfürsten über der Weltkugel; daneben eine Karte von Brandenburg mit Umgebung sowie u. a. die allgeorischen Gestalten der Weisheit, Wissenschaft und Kriegskunst.

38 Friedrich Wilhelm I., König in Preußen (1688–1740). Dem nüchternen, ganz aufs Praktische, Fiskalische gerichteten Sinn des »Soldatenkönigs« vermag die Bedeutung der für den Staat »nutzlosen« Wissenschaften nicht einzuleuchten. Er streicht schließlich – nicht ohne Mitschuld der säumigen Bibliothekare – den Bibliotheksfond und übereignet (vorübergehend) wertvollen naturwissenschaftlichen Besitz der Akademie der Wissenschaften.

41 Mat(h)urin Veyssière de La Croze (1661–1739). La Croze wirkt seit 1697 an der Kurfürstlichen bzw. Königlichen Bibliothek, 1718 wird er zusätzlich mit der Aufsicht über das Münzkabinett betraut. Zuvor Benediktiner, gilt er als eine polyhistorische Schatzkammer der Gelehrsamkeit, begabt mit einem ausgezeichneten Gedächtnis. La Croze verwaltet vor allem die abendländischen Handschriften, vernachlässigt aber offensichtlich das Erwerbungsgeschäft. Nachdem ihm daraufhin (1722) der König das Gehalt gestrichen hat, schreibt er (1723) einem Leipziger Orientalisten: »Ego satis superque hanc rotam versavi« (diese Walze habe ich nun übergenug gedreht).

40 Blick auf Schloß mit Apothekenflügel. Stich von Johann Carl Wilhelm Rosenberg um 1790 (aus: Ders., Les cris de Berlin)

42 Rokokoeinband mit Monogramm Friedrichs des Großen 1756. Dieses Monogramm schmückt viele Bucheinbände aus Friedrichs Besitz. Es wurde schnell zur stehenden Wendung. So schreibt Goethe am 17. Mai 1778 aus Berlin an Charlotte von Stein: »Wenn ich nur gut erzählen kan von dem großen Uhrwerk das sich vor einem treibt, von der Bewegung der Puppen kan man auf die verborgenen Räder besonders auf die grose alte Walze FR gezeichnet mit tausend Stiften schliesen die diese Melodieen eine nach der andern hervorbringt.«

39 Lustgarten mit der Auffahrt des Königs und des Prinzen Heinrich vor dem Dom. Kupferstich von Georg Balthasar Probst um 1760. Im Zuge des Ausbaus der »Linden« unter Friedrich II. entsteht anstelle der baufälligen Dominikanerkirche auf dem Schloßplatz schon im ersten Jahrzehnt der Regierungszeit des Königs am Endpunkt der neuen Prachtstraße der neue Dom (1747–50). Er bildet die östliche Begrenzung des als Exerzierplatz (Paradeplatz) dienenden Lustgartens und steht auf fast derselben Fläche, die 60 Jahre zuvor der Große Kurfürst für seinen Bibliotheksbau bestimmt hatte. Der Dom erfährt durch Schinkel 1817–22 eine durchgreifende Erneuerung.

Friedrich Wilhelm Stosch (1723–1794).

Stosch ist seit 1756 in der Königlichen Bibliothek tätig, seit 1765 als deren erster Bibliothekar. Er bleibt zu Lebzeiten König Friedrichs, der häufig in die laufenden Geschäfte eingreift, streng an dessen Weisungen gebunden, entfaltet aber nach 1786 mehr Initiative und leitet geschickt die Übersiedlung der Bibliotheksbestände in den Neubau (1780–82); auch hat sich Stosch intensiv der Katalogisierung der lateinischen Handschriften angenommen. Sein Verhältnis zum König (vgl. auch Abb. 52) illustriert der nachfolgende Kabinettsbefehl Friedrichs II. für die Benutzung der Bibliothek:

Rath, lieber Getreuer. Ich schicke Euch hiebei eine Instruction, wie es bei Meiner Bibliotheque, in Ansehung derer Leute, die da hineingehen, und in den Büchern was lesen, oder nachsehen wollen, gehalten werden soll: wonach Ihr Euch denn zu richten, und zu besorgen habt, dass die in der Instruction dazu festgesetzten Stunden durch die Berlinsche Intelligenzien und Zeitungen, dem Publicum zu seiner Zeit gehörig bekannt gemacht werden. Vorher aber muss Ich wissen, was es kostet, den einen Ofen, der in der Cammer von der Bibliotheque befindlich, die sechs Wintermonate hindurch, mit Steinkohlen zu heitzen. Ich habe deshalben an die Cammer geschrieben, die soll Mir davon einen Ueberschlag machen. Sodann bin Ich gesonnen, wenn Ich nach Berlin komme, noch einen Bibliothecaire, und auch einen Menschen als Diener bei der Bibliotheque anzunehmen. Letzterer muss denn in den Sachen gehörig unterrichtet werden, dass er in der Bibliotheque von allem Bescheid weiss und gut dabey zu gebrauchen ist. Ihr habt Mir also anzuzeigen, wie viel für diese beyden Leute ohngefähr an Tractament nöthig ist. Welches Ich also von Euch erwarten will und bin Euer gnädiger König
Potsdam, den 23. November 1783.

Friedrich.

An den
Hofrath und Bibliothecaire *Stosch.*

Als Friedrich seinem Bibliothekar diese Anweisung erteilt, ist der Umzug aus dem alten Domizil im Apothekenflügel bereits vollzogen.

Ein Stimmungsbild vom September 1780. Unmittelbar vor dem Umzug der Bücher (1780–82) besichtigt Heinrich Sander, Gymnasialprofessor in Karlsruhe, die Bibliothek im Schloß. Sie enthielte, dies sind seine Eindrücke, nicht nur »viele alte seltene Bibeln, Kirchenväter, Acta Conciliorum etc.«, sondern auch »eine Maschine, aufgeschlagene Folianten herum zu drehen, daß sie doch immer aufgeschlagen liegen bleiben, einen grossen Globus..., eine Luftpumpe von Otto Guericke etc.« Und er beendet seine Schilderung mit den Worten: »Der König meinte neulich, man könnte, um des Platzes willen, alle theologische und juristische Bücher verbrennen, – zwar nein, fuhr er fort, es müssen auch Denkmäler des menschlichen Unsinns vorhanden seyn.«

(Heinrich Sander, Beschreibung seiner Reisen durch Frankreich, die Niederlande, Holland, Deutschland und Italien. T. 2. Leipzig 1784, S. 204 f.)

Gesetze

nach welchen sich sowohl die Bibliothecarii als diejenige zu achten haben, welche die Concession erhalten aus der

Königl. Bibliothec

Bücher zu ihrem Gebrauch mit nach Hause zu nehmen.

1758.

1.

Sollen an Niemanden außer an denen Königl. Geheimen Etats- und Krieges-Ministern, ohne speciale Permission Bücher gegen einen Schein verabfolget werden.

2.

Fremden und in keiner Königl. Bedienung stehenden Personen wird die Permission nur unter der Bedingung ertheilet, wenn sie zuförderst der verlangten Bücher wegen gehörige Sicherheit gestellet.

3.

Manuscripta werden gar nicht ausgeliehen.

4.

Die Bibliothecarii müssen ein genaues Verzeichnis derjenigen so Bücher geliehen haben, halten, dabey die Woh-

Wohnung und Bedienung derselben, die Titul der Bücher, die Nummer ihres Orts, das Datum wenn solche ausgeliehen und wieder restituiret worden genau aufzeichnen.

5.

Weil auch die Bibliothec zum Aufnehmen der Wissenschaften und Künste einem jeden zu seinem Gebrauch täglich offen stehet; es sich aber öfters zuträget, das mehrere eines und desselbigen Buches zu ihrem Gebrauch benöthiget sind, so können

a) Bücher die stündlich zum nachschlagen gebrauchet werden keinem mit nach Hause gegeben werden.

b) Noch auch solche die mehr ihrer Kostbarkeit wegen als zum Gebrauch aufbewahret werden.

c) Müssen diejenige, welche Permission erhalten haben, die geliehenen Bücher längstens in 14 Tagen gegen Ablieferung ihres Scheines an die Bibliothec wieder restituiren.

d) Diejenigen so solches verabsäumen machen sich der erhaltenen Concession verlustig, und sollen denenselben weiter keine Bücher verabfolget werden.

Berlin den 11ten Jan. 1758.

Danckelman.

43 Dekret des Kurators der Königlichen Bibliothek von 1758. Diese erste ausführlichere Ausleihordnung bleibt bis zum Umzug der Bestände in die Kommode in Kraft.

44 Schloßapotheke 1885, unmittelbar vor ihrer Verkürzung. Im Zuge der Straßenerweiterung zur Kaiser-Wilhelm-Brücke wird das nördliche Drittel des 300 Jahre alten Gebäudes abgetragen.

45 Der Apothekenflügel des Schlosses vor der Sprengung 1950 (Aufnahme von 1947)

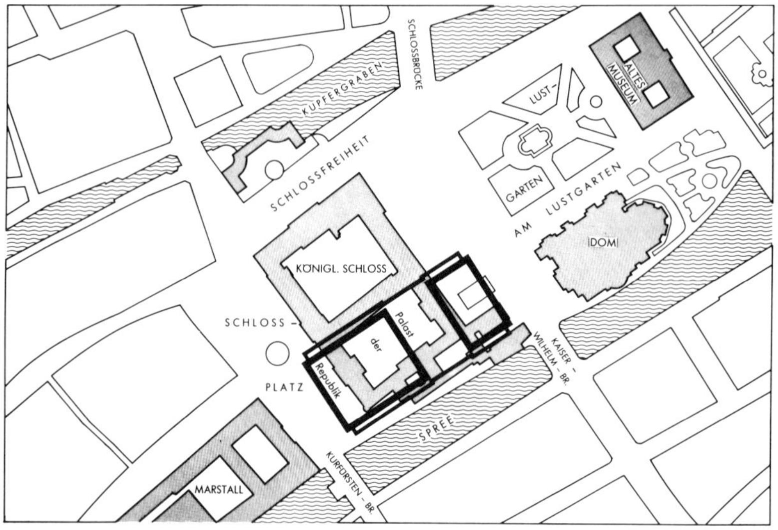

46 Lageplan von ehemaligem Schloß und heutigem »Palast der Republik« (85 × 180 m)

III. Die Bibliothek in der »Kommode« 1780–1909

Daten zu Geschichte, Kunst und Wissenschaft

	in Preußen-Deutschland	*in Berlin*
1788/91		Bau des Brandenburger Tores durch C. G. Langhans
1789	Französische Revolution	
1793/95	2. und 3. Teilung Polens zugunsten Preußens, Österreichs und Rußlands	
1802		Langhans baut das neue Schauspielhaus am Gendarmenmarkt
1806/07	Preußens Niederlage gegen Napoleon hat den Verlust der Hälfte seines Gebietes zur Folge	
1809/10	Wilhelm von Humboldt Sektionschef für den Kultus und öffentlichen Unterricht im Innenministerium	
1810		Gründung der Universität
1813/15	Die Befreiungskriege enden mit dem Wiener Kongreß und der Gründung des Deutschen Bundes	
1819	Mit den Karlsbader Beschlüssen endet die Reformzeit, die Restauration bestimmt den »Vormärz«	
1821		Uraufführung des »Freischütz« von C. M. von Weber im Schauspielhaus
1830		Beginn des Ausbaus der Museumsinsel
1833/34	Deutscher Zollverein unter Preußens Führung	
1838		Eröffnung der 1. preußischen Eisenbahnstrecke: Berlin-Potsdam
1848	Märzrevolution	
1851		Enthüllung des Friedrichsdenkmals Unter den Linden (Christian Daniel Rauch); Beginn des motorisierten Berliner Nahverkehrs

1860/66	Heereskonflikt zwischen Krone und Abgeordnetenhaus	
1862	Bismarck wird preußischer Ministerpräsident	
1864–70/71	Die Kriege gegen Dänemark, Österreich und Frankreich enden mit der Gründung des Deutschen Reiches unter Preußens Führung	
1868		Niederlegung der Stadtmauer
1875–80		Bau des Anhalter Bahnhofs (Franz Schwechten, Heinrich Seidel)
1878	Berliner Kongreß unter Bismarcks Vorsitz. Sozialistengesetz	
1879		Gründung der Technischen Hochschule in Charlottenburg
1882	Berufung von Friedrich Althoff ins preußische Kultusministerium (–1907 im Amt)	Gründung des Berliner Philharmonischen Orchesters
1889		Der literarische Naturalismus setzt sich mit Gerhart Hauptmanns »Vor Sonnenaufgang« durch
1890	Bismarcks Entlassung durch Wilhelm II.	
1894–1905		Dombau (Julius Raschdorff)
1898	Beginn des großangelegten Flottenausbaus	
1898–1901		Anlage der Siegesallee
1899		Liebermann, Corinth und Slevogt gründen die »Berliner Secession«
1906	Der »Eulenburg-Skandal« erschüttert das Ansehen des Kaisers	Wilhelm Voigt als »Hauptmann von Köpenick«
1911		Gründung der »Kaiser-Wilhelm-Gesellschaft zur Förderung der Wissenschaften«
1912	Die Sozialdemokraten werden stärkste Partei im Reichstag	Der Expressionismus verbindet sich mit der Galerie »Der Sturm«

Das Umfeld

Diese Periode umspannt die lange Zeit vom Ausgang des Absolutismus bis zum Vorabend des Ersten Weltkriegs. Es ist das Zeitalter des Nationalimus und des Liberalismus, der industriellen Revolution (Abb. 48) in Europa und der Vorherrschaft dieses Kontinents über den Erdball.

Für Deutschland ist es die Spätzeit der einzelstaatlichen Monarchien. Die unter konstitutionellem Vorzeichen herbeigeführte Reichseinigung (Abb. 49) bringt einen erheblichen Machtzuwachs mit sich. Mit ihm geht nicht nur eine wirtschaftliche Entfaltung, sondern ein ebenso bemerkenswerter wissenschaftlicher Aufschwung einher. Die deutsche Forschung gewinnt im Laufe des 19. Jahrhunderts auf dem Felde der Geistes- wie der Naturwissenschaften Weltrang.

Berlin

Entscheidenden Anteil an dieser, mit der langen Friedenszeit des Bismarck-Reiches zu Ende gehenden Entwicklung hat Berlin. Es wächst im Verlauf des 19. Jahrhunderts zur Millionenstadt (Abb. 50) und wird die glanzvolle, wirtschaftlich und kulturell führende Hauptstadt des jungen Kaiserreiches. Zugleich erhebt sich die Stadt, dank ihrer universitären und Forschungseinrichtungen und nicht zuletzt dank der von Staats wegen besonders geförderten Königlichen Bibliothek, zur wissenschaftlichen Metropole Deutschlands.

Die Königliche Bibliothek

Die Bibliothek erlebt in diesen knapp 130 Jahren, unterbrochen von manchen Krisenzeiten, einen zunächst langsamen, dann raschen Aufschwung

- von einem wenig geordneten Konglomerat verschiedener Einzelsammlungen zu einer der größten und leistungsfähigsten Bibliotheken in der Welt,
- von der Landesbibliothek der preußischen Monarchie (Abb. 51) zur weltweit anerkannten wissenschaftlichen Universalbibliothek,
- von einer nur beschränkt benutzbaren zur allgemein zugänglichen und meist benutzten deutschen Bibliothek.

Einwohnerzahl von Berlin		Bestand der Königl. Bibliothek	Vergleichbare Bibliotheken	
1800	172 000	ca. 180 000	London	ca. 120 000
			Dresden	ca. 180 000
1815	193 000	ca. 215 000	Göttingen	ca. 210 000
			Stuttgart	125 000
1827	220 000	ca. 250 000	München	330 000
1840	330 000	325 000	Wien	303 000
			Göttingen	ca. 300 000
1870/71	823 000	ca. 570 000	Washington	190 000
1889/90	1,58 Mill.	üb. 800 000	München	ca. 900 000
			Straßburg	665 000
1905/06	1,95 Mill.	ca. 1,230 Mill.	Wien	700 000

47 *Plan von Berlin von D. F. Sotzmann 1803.* Die Stadterweiterung gegenüber dem frühen 18. Jahrhundert ist unverkennbar, namentlich in der Einzeichnung der vorgeschobenen geschlossenen Bebauung und der Markierung der neuen Stadttore zumal im Norden. Im Süden scheint abgesehen von der Hasenheide die Veränderung weniger augenfällig zu sein. Im Stadtzentrum existiert noch der »stinkige« Grüne Graben, der zwischen Opernhaus und Prinzessinnenpalais die »Linden« durchquert, und nach Westen führt deutlich sichtbar durch den Tiergarten die Charlottenburger Chaussee.

48 Adolph Menzel, Eisenwalzwerk 1875

49 Anton von Werner, Kaiserproklamation in Versailles 18. Januar 1871

50 Friedrich August Borchel, Blick auf Berlin vom Turm der Marienkirche aus. Um 1853/56

51 Christian Daniel Rauch, Denkmal Friedrichs des Großen. Unter den Linden (1839–51), aufgestellt auf der Mitte zwischen alter Bibliothek (Kommode) und dem späteren Ihnebau. Es gilt als die maßgebende Friedrichdarstellung des vorigen Jahrhunderts.

52 Friedrich II., der Große, König von Preußen (1712–1786). Friedrich kümmert sich erst 1765, mit der Erneuerung des Pflichtexemplaranspruchs für die Buchneuerscheinungen in Preußen, ernsthaft um die Bibliothek. Bis in seine letzten Lebenstage ist seine Einflußnahme auf ihre Verwaltung belegt. Er bewilligt ab 1770 sehr erhebliche Erwerbungsmittel, behält sich aber deren Verwendung persönlich vor. Neben den grundlegenden und teuren Nachschlagewerken aller Fächer wird französischsprachiges Schrifttum bevorzugt erworben, die zeitgenössische deutsche Literatur aber vernachlässigt. Auf seine Initiative geht schließlich auch der Bibliotheksneubau der »Kommode« zurück.

53 Das Bibliothekszimmer Friedrichs in Sanssouci mit den Büsten von Voltaire (links) und Homer

Der König schreibt am 9. November 1777 an Voltaire: »Ich habe in Berlin eine öffentliche Bibliothek bauen lassen. Voltaires Werke logierten bislang zu unanständig.« Und in nicht zufälliger Anspielung auf Alexander den Großen, der Homers Epen in einem kostbaren Kästchen mit sich geführt habe, heißt es dann: »Ich habe nach meinen geringen Kräften das bestmögliche Behältnis für die Werke des Homer unserer Tage erbauen lassen.«

54 Vorentwurf zum Seitenflügel (Michaelertrakt) der Wiener Hofburg. Von Joseph Emanuel Fischer von Erlach d. J. gezeichnet vor 1724.

55 Die Fassade des Michaelertraktes in ihrer endgültigen Ausführung von 1879

Die nicht ausgeführte Skizze Fischer von Erlachs (Abb. 54) wird ein halbes Jahrhundert später das Vorbild für die friderizianische »Kommode«. Weitere 100 Jahre später erst wird der erheblich veränderte Entwurf (Abb. 55) ausgeführt. Er repräsentiert namentlich mit seinen drei hinzugefügten Kuppeln den Wiener Barockstil.

Daten zur Baugeschichte der »Kommode«

Ein erster Entwurf von Knobelsdorff auf dem späteren Bauplatz (ca. 1745) wird wegen der Potsdam-Pläne zurückgestellt, dann offenbar vergessen.

Architektonische Vorlage: Vorentwurf v. J.E. Fischer v. Erlach d.J. (gez. vor 1724) für den Michaelertrakt der Wiener Hofburg.

Bauleitung: Georg Friedrich Boumann d.J.

Zeichnung der Pläne: Georg Christian Unger, der das schwerere Barock in die leichtere, korinthische Form der friderizianischen Zeit umwandelt.

Maße und äußere Gestaltung: Grundriß: 94 × 18 m (mit Treppenhaus: 32 m). Viergeschossige leicht gebogene Fassade, im Obergeschoß durch korinthische Säulen, in der Attika durch Plastiken von Wilh. Christian Meyer geschmückt.

Name des Gebäudes: vermutlich zum ersten Mal von Joseph Mendelssohn (dem Sohne des Moses M.) 1777 brieflich erwähnt.

Inschrift: Nutrimentum spiritus (Nahrung des Geistes), von Friedrich II. selbst nach einer französischen Vorlage gewählt.

Ausführung

1774 Kauf des Grundstücks durch Friedrich; es war zuvor das Seitengebäude des (ehem.) Markgräflich-Schwedtschen Palais; dessen Hauptgebäude Unter den Linden bleibt als späteres Palais Kaiser Wilhelms I. der Nachbar der Königl. Bibliothek.

1775 Baubeginn

1780 11. Sept.: Friedrich besichtigt den noch unfertigen Bau.

1780 Dez. – Aug. 1782: Einzug der Bücher; diese sind zunächst in Schränken an den Wänden untergebracht.

1784 15. März: Eröffnung der Lesekammer im Nebengebäude Behrenstraße 40, wo auch die Direktorwohnung eingerichtet wird.

1788 endgültige Fertigstellung des Baues nach notwendigen Reparaturarbeiten und dem Endausbau des Nebengebäudes.

Charakterisierung: Es ist keine reine Ein-Raum-Bibliothek mehr, die Menge der Bücher ist nicht mehr auf einen Blick erfaßbar. Die Trennung des Büchersaales von den Räumen der Benutzung und Verwaltung weist in die Zukunft.
In den Eckpavillons sind die Handschriften bzw. Kupferstiche untergebracht.

Weitere Schicksale der »Kommode«

Die baulichen Veränderungen:

1789 Die Flügelsäle erhalten Galeriebänder für die wachsenden Büchermengen.

1817 Auch der Mittelsaal erhält Galerien; außerdem werden Doppelschränke und quergestellte Regale aufgestellt, wodurch 2 × 8 kleinere Räume entstehen.

1840–42 Das Untergeschoß wird nach Freigabe an die Königliche Bibliothek in zwei Geschosse aufgeteilt, von denen das untere Lesesaal, Kataloge und Verwaltung aufnimmt, das Zwischengeschoß Büchermagazin wird.

1867 Teilung und Umbau auch des Obergeschosses, nur der Mittelraum behält seine ursprüngliche Höhe. Auch über der Haupttreppe wird in Höhe des neuen Zwischengeschosses ein neuer Saal eingerichtet. Nunmehr erst ist die Übereinstimmung der Viergeschossigkeit innen und außen im wesentlichen erreicht.

1870er Jahre: vor allem jetzt zeigen sich viele Baufälligkeiten; vorübergehende Auslagerung von Sondersammlungen.

1882–83 Erwerb der Grundstücke Behrenstraße 41 und (durch Tausch) 42.

1883–85 Letzter großer Umbau der Kommode vor Auszug der Bibliothek. Der Mittelbau wird Lesesaal mit Oberlicht und zwei Galeriebändern (125 Arbeitsplätze), Behrenstraße 41 in drei Geschossen Büchermagazin, Behrenstraße 42 nimmt vor allem Sondersammlungen und den Zeitschriftenlesesaal auf.

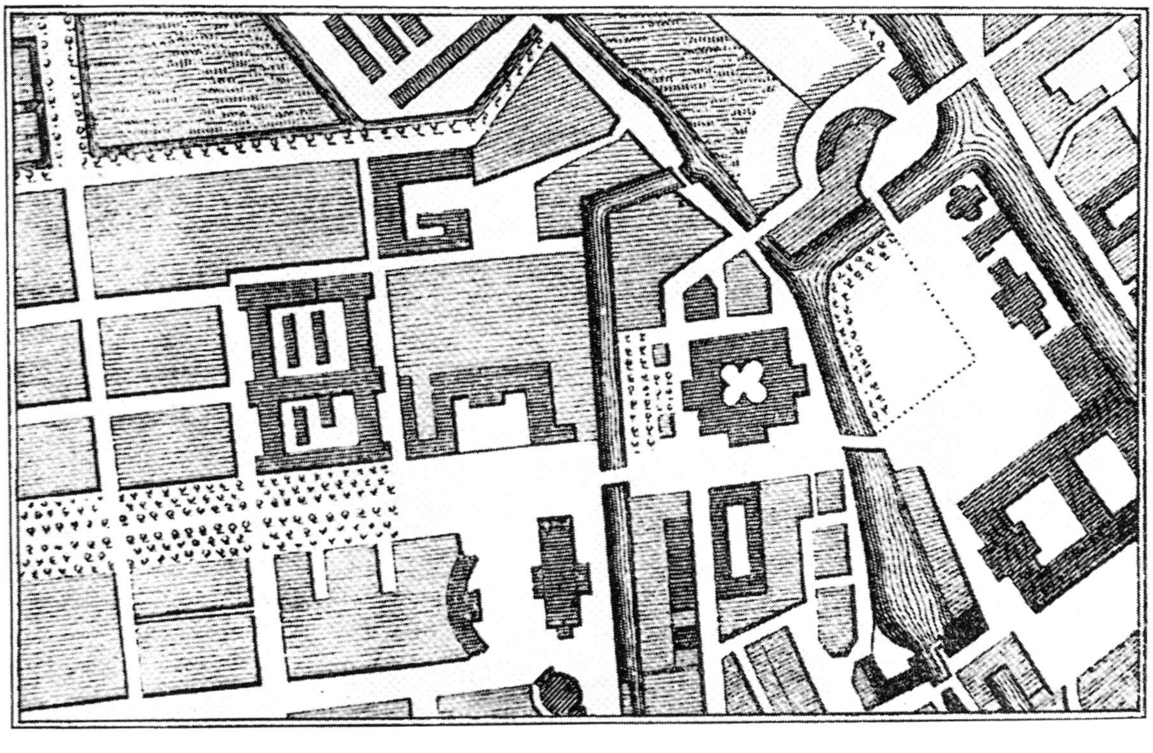

56 Grundriß des Forum Fridericianum (Friedrichsforums) mit Umgebung, soweit es später verwirklicht wurde (Schema, vor 1800). Die Zeichnung verzichtet auf die Markierung einer ersten, wesentlich großzügigeren Forumsanlage, welche Knobelsdorff 1740/43 entwarf. Diese sah an der Grenze zwischen alter und neuer, westlicher Stadthälfte (Dorotheen-, Friedrichstadt) eine weiträumige Königliche Schloß- und Platzanlage vor, die nach Westen bis über die Charlottenstraße hinaus reichte. – Hier sehen wir eingezeichnet nördlich der »Linden« (von Westen nach Osten): Akademiegebäude mit Marstall, Prinz-Heinrich-Palais, Zeughaus, Lustgarten, Dom.
Auf der südlichen Straßenseite: Kommode, Hofoper (dahinter St. Hedwigskirche), späteres Prinzessinnenpalais, Kronprinzenpalais, Schloß. Der östlich des eigentlichen Forums verlaufende Grüne oder Festungsgraben, Rest der alten Stadtbefestigung, wurde um 1815 zugeschüttet (vgl. auch hier S. 18–20 u. Abb. 47).

57 Medaille auf den Neubau der Bibliothek von Abraham Abramson 1777
Vorderseite: Fridericus Boruss.: Rex Urbes Aedibus Ornans (Der König, die Städte mit Bauten schmükkend). Lorbeerbekränztes Brustbild des Königs im Harnisch und mit übergeworfenem Mantel.
Rückseite: Dignus et Hac (Würdig auch dieser Krone). Ein niederschwebender geflügelter Genius legt einen Mauerkranz auf einen Brandaltar, der mit drei Kränzen geschmückt die Inschrift trägt: Fr(idericus) R(ex) B(orussiae) O(ptimus) M(aximus).
Unten: Bibliotheca Regia Exstructa MDCCLXXVII.

58 Die »Kommode«, gestochen um 1800 vom Wiener Kupferstecher Karl Schindelmayer (um 1769–1839).

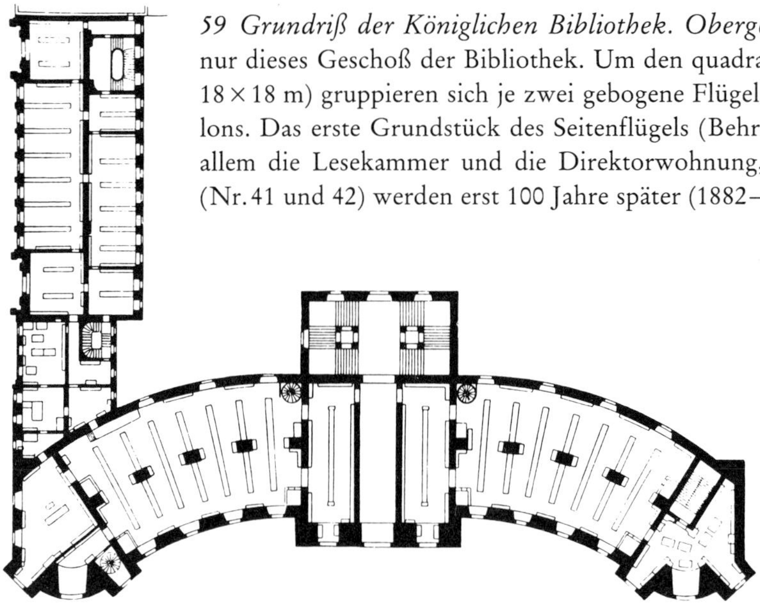

59 Grundriß der Königlichen Bibliothek. Obergeschoß. Bis 1840 gehört nur dieses Geschoß der Bibliothek. Um den quadratischen Mittelraum (ca. 18 × 18 m) gruppieren sich je zwei gebogene Flügelsäle und zwei Eckpavillons. Das erste Grundstück des Seitenflügels (Behrenstraße 40) enthält vor allem die Lesekammer und die Direktorwohnung, die weiteren Gebäude (Nr. 41 und 42) werden erst 100 Jahre später (1882–83) erworben.

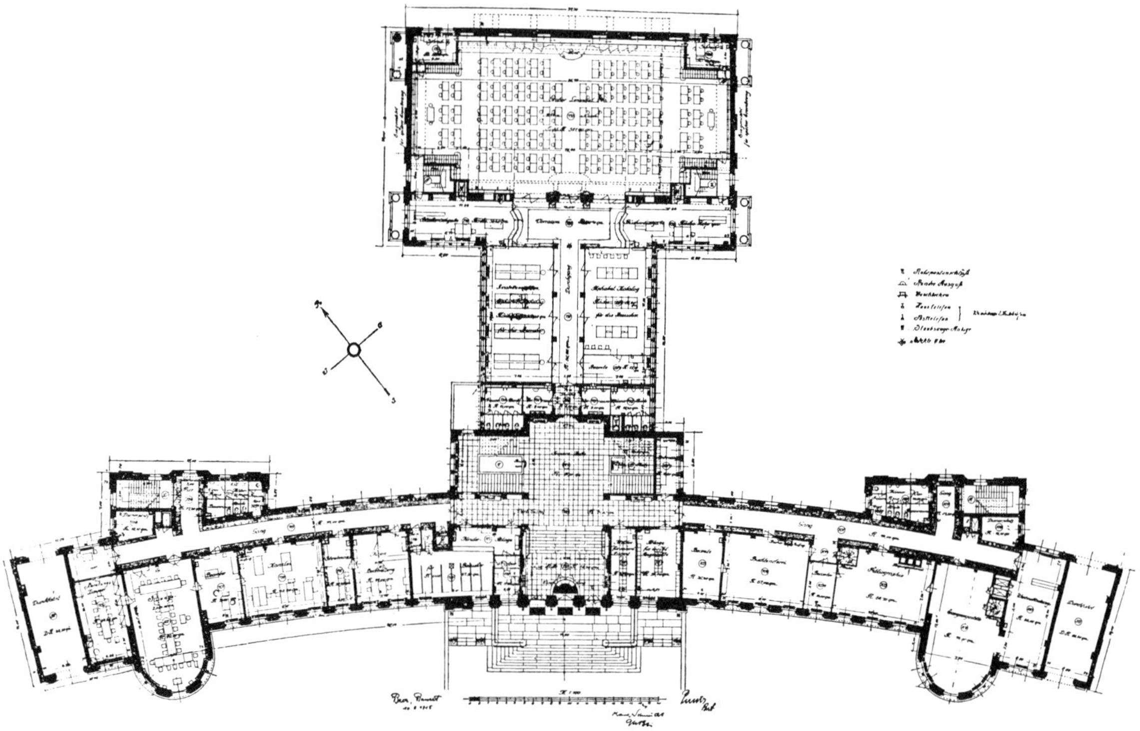

60 Grundriß der Deutschen Bücherei, Leipzig, Erdgeschoß 1913

Verblüffend ähnlich erscheinen auf den ersten Blick die gekrümmten Grundrisse der »Kommode« und der 130 Jahre später (1914–16) erbauten, freilich viel schlanker wirkenden Deutschen Bücherei in Leipzig (Grundriß des Haupttraktes 120 × 12/14 m). Auch hier liegt zudem das Haupttreppenhaus unmittelbar hinter dem Mittelbau und selbst die zwei vorspringenden Ecktürme der Frontseite erinnern etwas an den Berliner Vorgänger. Doch endet damit auch die Ähnlichkeit beider Gebäude. Sie erklärt sich nicht etwa aus einer stilistischen Abhängigkeit, sondern schlicht durch die Linienführung der vorgelagerten, das Grundstück begrenzenden »Straße des 18. Oktobers« am Deutschen Platz.

61 Johann Erich Biester (1749–1816). Mit Biester, noch von Friedrich dem Großen eingesetzt, leitet zum ersten Mal ein politisch wacher Kopf die Königliche Bibliothek. Er genießt als engagierter Publizist der Aufklärung und zumal als Herausgeber der »Berlinischen Monatsschrift« Ansehen und gewinnt unter Friedrichs Nachfolgern auch als Bibliothekar maßgebenden Einfluß auf die Geschicke des Hauses. Er nützt ihn trotz der unruhigen Zeiten für die Vermehrung der Sammlungen und die dringend gebotene, nach dem Vorbild der Königlichen Bibliothek zu Dresden durchgeführten Neuaufstellung der Bestände. H. v. Treitschke nennt Biester »trocken und schwunglos, ... doch einen gründlichen Gelehrten, grade soweit Polyhistor, wie es der Beruf des Bibliothekars verlangt«.

62 Wilhelm von Humboldt (1767–1835). Als Leiter der »Sektion für den Kultus und öffentlichen Unterricht« im preußischen Innenministerium (1809–10) wird Humboldt nach der Niederlage gegen Napoleon zur entscheidenden Figur für die Förderung der Wissenschaften allgemein wie für die Reorganisation der Königlichen Bibliothek im besonderen. Diese wird aus einer bisher der Krone unterstehenden Hofbibliothek zur zentralen wissenschaftlichen Bibliothek des preußischen Staates mit festem Etat und wachsendem, Gelehrte wie Studierende einschließenden Benutzerkreis.

63 Friedrich Schleiermacher (1768–1834). Der freimütige protestantische Theologe und Philosoph ist als Referent im Unterrichtsdepartment des Innenministeriums einer der energischsten Verfechter der Reform des preußischen Bildungswesens. Das nach ihm benannte »Reglement für die Königliche Bibliothek« von 1813 führt eine freizügigere, den Bedürfnissen der jungen Universität angepaßte Benutzungsordnung ein und sieht unterhalb der Aufsichtsbehörde eine moderne, auf dem Prinzip der Kollegialität beruhende innere Verwaltung vor. Es ist »die erste neuzeitliche Verfassungurkunde der Berliner Bibliothek« genannt worden (Gustav Abb) und bleibt in wesentlichen Teilen bis in die Zeiten von Pertz in Geltung.

64 Friedrich Wilken (1777–1840). Wilken, von Haus aus Historiker und Orientalist, ist der erste der leitenden Gelehrtenbibliothekare der Königlichen Bibliothek. Mit ihm, der zuvor die Universitätsbibliothek in Heidelberg leitete, beginnt 1817, als er sein Oberbibliothekariat antritt, eine erweiterte, planmäßige Erwerbungspolitik wirksam zu werden. Sie schließt auch die Naturwissenschaften ein, setzt das preußische Pflichtexemplar durch und sucht durch den großzügigen Kauf von Antiquaria, namentlich geschlossener Privatsammlungen, ältere Bestandslücken zu schließen. Sein Ziel, das er »bis zuletzt zäh verfolgt hat, ... war die Umwandlung der Königlichen Bibliothek in eine moderne Forschungsbibliothek« (Wieland Schmidt).

65 Philipp Buttmann (1764–1829). Obwohl ein Altphilologe von Ruf und eine überaus anregende und humorvolle Persönlichkeit in der Berliner Gesellschaft um die Jahrhundertwende gilt Buttmanns Neigung vornehmlich der Königlichen Bibliothek, der er seit 1789 angehört, zuletzt als zweiter Mann nach Wilken. Unter seiner Leitung entsteht der erste vollständige alphabetische Katalog (1811–27). Auch entwirft er 1809 eine »Instruktion für die Große Königliche Bibliothek«, von der Teile in das Reglement Schleiermachers eingeflossen sind. Dieser schätzt die dienstliche Leistung seines Freundes hoch ein und hebt in seiner Gedächtnisrede die Liberalität seiner Verwaltungsgrundsätze und seine bibliothekarische Hilfsbereitschaft hervor.

66/67 Samuel Heinrich Spiker (1786–1858). Gemälde eines anonymen Künstlers. Spi(e)ker, ein vielseitig interessierter und vor allem geographisch beschlagener Publizist aus wohlhabendem Hause, ist besonders bekannt geworden durch die Herausgabe der »Berlinischen Nachrichten von Staats- und gelehrten Sachen« (Haude & Spenersche Zeitung; s. unten). An der Königlichen Bibliothek arbeitet er sich wie sein Vorgänger Buttmann vom Hilfsarbeiter (1806) über den in allen Zweigen der Verwaltung versierten Bibliothekar (1815–50) zum zweiten Mann des Hauses unter Wilken herauf, den er in dessen letzten Jahren vertritt. Unter Pertz versieht Spiker vor allem die Geschäfte der Erwerbung. Sein bekanntestes, auch künstlerisch hochwertiges Werk ist die Stahlstichsammlung »Berlin und seine Umgebungen im 19. Jahrhundert« (1833 u. ö.).
Die Urteile über Spiker sind geteilt. Jacob Grimm nennt ihn streng »einen reichen und eitlen Mann«, »ohne gründliche wissenschaftliche Bildung«. Dagegen hebt der Minister seine »tätige, umsichtsvolle, beifallswürdige Verwaltung der Angelegenheiten der Königlichen Bibliothek« hervor.

Berlinische Nachrichten
Von Staats- und gelehrten Sachen.
Im Verlage der Haude- und Spenerschen Buchhandlung.

68 Die »Kommode« mit Französischem Dom. Stahlstich von Frommel nach einer Zeichnung von Heinrich Hintze. Der Stich ist auch abgedruckt in: S. H. Spiker, Berlin und seine Umgebungen im 19. Jahrhundert. Nebst topographisch-historischen Erläuterungen. Berlin 1833.

69/70 Ansicht und Grundriß von Schinkels Bibliotheksbauentwurf 1835. Dieser Entwurf scheint in seiner einfachen gradlinigen Struktur von Ferne an Knobelsdorffs Opernplatzkonzept anzuknüpfen. Er sollte im Garten (Kastanienwäldchen) hinter der Universität, längs der heutigen Universitätsstraße, zur Ausführung kommen. Der rechteckige dreigeschossige Backsteinbau besticht durch Ruhe, Einheitlichkeit und strenge Symmetrie sowohl in der Fassadenführung wie im Innern des Gebäudes, »rien d'une architecture pompeuse« (so Schinkel). Modern zu nennen sind eine relativ niedrige Geschoßhöhe der Bücherräume – »où il sera facile de trouver les livres sans se servir de grandes échelles« – sowie die quer in den Raum gestellten Bücherregale, zwischen denen Arbeitsplätze vorgesehen sind. Diese Anordnung erinnert etwa an die Bibliothek des Trinity College in Cambridge und andere englische Bibliotheken. Von bibliothekarischer Seite wurde zumeist die allzu geringe Fassungskraft bemängelt, waren in diesem Gebäude doch höchstens ½ Million Bücher unterzubringen, so daß es nicht einmal für drei Jahrzehnte ausgereicht hätte. So hat man es im Nachhinein stets als ein Glück betrachtet, daß der Bau nicht zur Ausführung gekommen ist (vgl. auch hier S. 21–24).

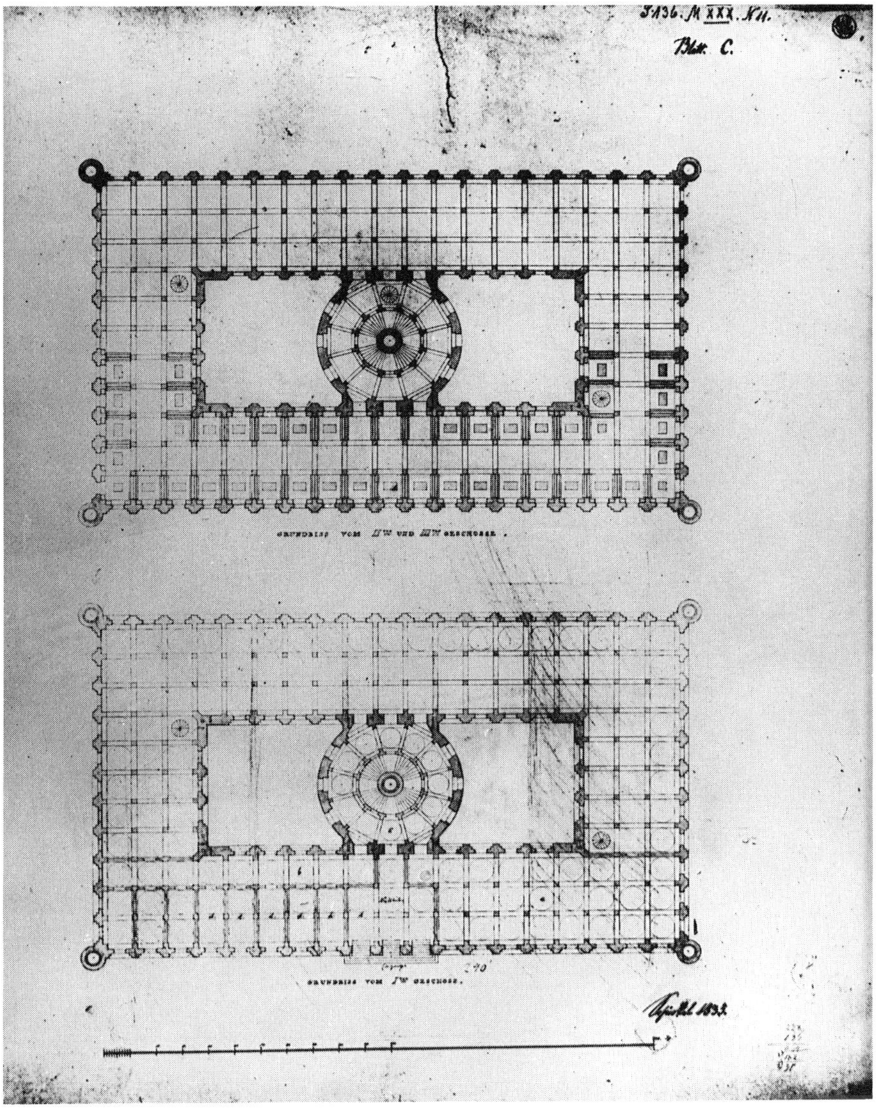

3136. M XXX. N 11.
Blatt C.
GRUNDRISS VOM IIten UND IIIten GESCHOSSE.
GRUNDRISS VOM Iten GESCHOSSE.
Schinkel 1835.

Schinkel 1835.

71 Bibliothek des Trinity College in Cambridge. Das 1675–90 erbaute Gebäude (Architekt Christopher Wren) gilt als »der schönste Bibliotheksbau Englands« (G. Leyh) und wirkte bis ins 19. Jahrhundert als Beispiel nach. Der langgestreckte Büchersaal im Obergeschoß wird beherrscht von 28 jeweils 3 m langen und 3,60 m hohen Doppelgestellen, zwischen denen bequeme Arbeitsmöglichkeiten mit Ablagepulten und Tischen bestehen.

72 Die »Lindenallee« um das Jahr 1690. Kopie von Krüger (1796) nach einem Aquarell von Johann Stridbeck d. J. aus dem Jahre 1691. Stridbecks Berlin-Skizzen gelten weniger als künstlerische Meisterwerke denn als anschauliche, relativ naturgetreue Wiedergabe des damaligen Berliner Stadtbildes. Die »Linden« werden 1647 zum ersten Mal mit Nuß- und Lindenbäumen bepflanzt. Auf der rechten Seite sind die königlichen Stallungen, von Johann Arnold Nering erbaut, zu erkennen. Wenig später wird an dieser Stelle das Akademie-Gebäude – »mulis et musis« –, später das Haus der Königlichen Bibliothek errichtet. Die sogenannte »Potsdamer Brücke« (=2) befand sich auf der Höhe der Wallstraße (heute: Schadowstraße).

73 Lindenpromenade, gesehen etwa vom Mittelpunkt des Friedrichsforums aus. Aquatinta-Radierung nach F. A. Calau, gestochen von F. Schmidt. Um 1820, also etwa gleichzeitig wie die »Lindenrolle«.

Prospect gegen den Thiergarten vor Berlin.
1.
2.
3.
3.
1. Obrist v. Weilers Haus. 3. Königl: Stall.
2. Potsdamer Brücke.
Linden Allee.
Johann Stridbeckh ad vit. del. 1691.

Ansicht der Linden=Prommenade, und ein Theil der Universität und Accademie Gebäude zu Berlin.

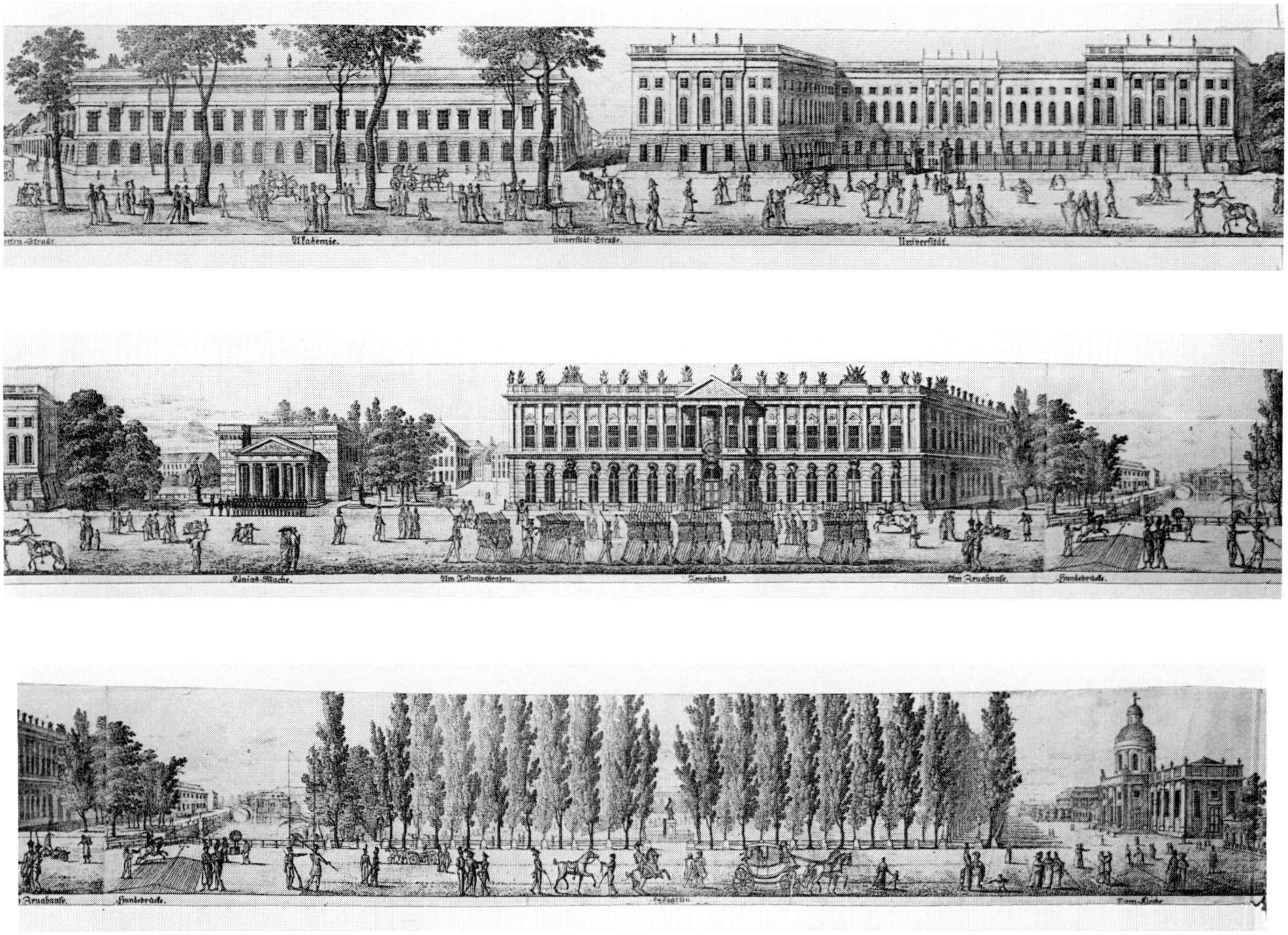

74 Die »Lindenrolle« – ein Panorama der Straße Unter den Linden. Gezeichnet um 1819/20 (anonym); Wiedergabe nach einem Foto des Berlin-Museums (Leihgabe)
Es handelt sich um zwei handkolorierte Lithographien auf Papier von jeweils fast 4 m Länge und 9,5/9,7 cm Höhe. Weitgehend naturgetreu, z.T. aber auch schematisierend, sind die südliche und die nördliche Straßenseite unter phantasievoller Einbeziehung des Zeitkolorits dargestellt. Zumal diese lebendige Schilderung der Lieblingspromenade des biedermeierlichen Berlin macht die Rolle zu einer zeitgeschichtlichen Quelle ersten Ranges.
Abgebildet sind hier nur die Gebäude des östlichen Straßenteils zwischen Charlottenstraße und Stadtschloß; nur sie berühren unmittelbar unseren Gegenstand.

Wir folgen der Laufrichtung, gehen auf der *nördlichen Straßenseite* also von Westen nach Osten und erkennen: das Akademiegebäude in seiner damaligen, soeben umgebauten Gestalt [Nr. 38]; es beherbergte u. a. die beiden Akademien der Künste und der Wissenschaften und die königlichen Stallungen – die Friedrich-Wilhelms-Universität, das ehemalige Palais des Prinzen Heinrich – die kürzlich (1818) von Schinkel gebaute Neue oder Königswache, beiderseits dahinter ein Teil des Kastanienwäldchens – das Zeughaus oder Arsenal – die Hunde- oder Lustgartenbrücke über den Kupfergraben (ab 1822 durch die Schinkelsche Schloßbrücke ersetzt) – die nur noch wenige Jahre bestehende Pappelallee auf dem Lustgarten, in ihrer

Mitte das Denkmal des »Alten Dessauer« von Schadow – schließlich der von Schinkel gerade umgebaute Dom und Reste des Bibliotheksanbaus aus der Zeit des Großen Kurfürsten.

Auf der südlichen Straßenseite schließen sich – nun von Osten nach Westen – an: Schloß (ganz links gerade noch der Ansatz der Hofapotheke) mit den einander angeglichenen Portalen von Schlüter und Eosander – die (später abgerissenen) Häuser der Schloßfreiheit – noch einmal die Hundebrücke – Dienstgebäude und Wohnung des Stadtkommandanten – das (damalige) Königliche Palais, meist Kronprinzenpalais genannt – das Prinzessinnenpalais (für die Töchter des Königs) – der sich westlich anschließende, nicht mehr sichtbare Festungsgraben wurde 1816 überwölbt – das Opernhaus, links dahinter die Hedwigskirche – der Opernplatz, im Hintergrund Wohnhäuser (später Dresdner Bank) – die Königliche Bibliothek – das »Generalkommando«, bewohnt vom General Tauentzien [Nr. 37], ab 1829 Wohnung des Prinzen Wilhelm, des nachmaligen Kaiser Wilhelms I. – daneben (Nr. 36) das Niederländische Palais, das damals dem König der Niederlande, dem Schwager Friedrich Wilhelms III., gehörte und 1882 Nebengebäude des Kaiserlichen Palais wurde, sowie ein Privathaus (Nr. 35), später »Hotel du Nord« – schließlich die Grundstücke mit der Musikalienhandlung A. M. Schlesinger (Nr. 34) und dem Café Royal (Nr. 33), die beide später, umgebaut, der Disconto-Gesellschaft bzw. der Deutschen Bank gehörten.

75 Georg Heinrich Pertz (1795–1876). Vor seiner Amtszeit als Oberbibliothekar der Königlichen Bibliothek (1842–73) war Pertz Archivar, Geschichtsschreiber und vor allem Organisator der »Monumenta Germaniae Historica«. Für die Bibliothek hatte »er insofern eine nicht geringe Befähigung..., als er Ordnung zu halten verstand und durch seine auswärtigen Verbindungen instand gesetzt wurde, bedeutende Ankäufe zu vermitteln. Aber er war zugleich zurückstoßend und herrisch« (L. v. Ranke). Pertz stärkt bei strengem Regiment den Mitarbeitern gegenüber das ihm anvertraute Institut materiell und personell und konzentriert seine Erwerbungspolitik auf das internationale Schrifttum von dauerndem Wert, namentlich auf Quellenwerke und den Ankauf kostbarer Privatbibliotheken. Für den trotz Umbauten in der Kommode notwendig werdenden Neubau bringt Pertz zum ersten Mal das Akademieviertel (Unter den Linden) ins Gespräch.

76 Isidor Kastan (nach einer Kreidezeichnung von Max Liebermann). Kastan (1841–1931) ist Arzt und bekannt als Feuilletonist im wilhelminischen Berlin – er gilt später als der Senior der Berliner Journalisten. Es ist derselbe, der 1889 bei der Uraufführung von Gerhart Hauptmanns Drama »Vor Sonnenaufgang« mit Hilfe einer Geburtszange einen Skandal auslöste. Er ist trotz seinen amüsanten Altersplaudereien »Lustiges Panoptikum« von 1924 nicht zu verwechseln mit den beiden gleichzeitig lebenden Inhabern von »Castan's Panoptikum«, einer Hauptsehenswürdigkeit der jungen Reichshauptstadt. Daß Kastan ein häufiger – und kritischer – Benutzer der Königlichen Bibliothek gewesen ist, belegen seine Erinnerungen.

Ein Stimmungsbild aus den 60er Jahren: Zur Arbeit in der Bibliothek. Über die wenig einladenden Benutzungsbedingungen in der Zeit vor 1870 berichtet Isidor Kastan in seinen Erinnerungen »Berlin wie es war« (Berlin 1919):

»Der Weg, um zu dem erwünschten Buche zu gelangen, war umständlich und zeitraubend. Einen Einblick in das Bücherverzeichnis selbst zu tun, war dem Laienauge unerbittlich versagt. Nur den Bevorzugtesten unter den Sterblichen war der Eintritt in den geheiligten Raum des Katalogzimmers gestattet. Man mußte zu allerhand Listen seine Zuflucht nehmen, um zum Ziele zu gelangen. Bestellte man auf dem gewöhnlichen Wege ein Buch, dann konnte man mit ziemlicher Bestimmtheit darauf rechnen, am anderen Tage an der Buchausgabestelle die Antwort zu erhalten: verliehen oder nicht vorhanden. Es ist auch zuweilen vorgekommen, daß auf dem Bestellzettel der Vermerk zu lesen stand: ›Wegen Dunkelheit nicht aufzufinden‹. Da ging dann freilich manchem die Geduld aus, und man wandte sich mit einer Beschwerde an den unnahbaren obersten Leiter der Staatsbücherei, an den berühmten Geheimrat Pertz ...«

Nicht viel besser scheinen damals die Arbeitsmöglichkeiten im Hause selbst gewesen zu sein. Der Lesesaal – er befand sich seit 1850 zu ebener Erde im Südflügel des Gebäudes mit Fenstern zum Opernplatz – hatte »an vier Tischen Arbeitsraum für höchstens vierzig Besucher ... Von irgendwelchen Bequemlichkeiten für die in diesem Saale Arbeitenden war keine Rede. Es gab damals weder einen gesonderten Raum für die Benutzung von Zeitschriften oder von Zeitungen noch eine Arbeitsstätte für besondere Studien in Handschriften oder in wichtigen Kartenwerken. Für alle derartigen ... Arbeiten mußte der kleine, schlecht erleuchtete Lesesaal ausreichen.«

J. Kastan
Nach einer Kreidezeichnung von Max Liebermann

J. Kastans
Lustiges Panoptikum

Drollige Geschichten
aus
verklungener Zeit

5. bis 10. Tausend

Bei Hoffmann und Campe
Hamburg und Berlin 1924

77 (Carl) Richard Lepsius (1810–1884). Mit 63 Jahren (1874) wird Lepsius, der berühmte Begründer der Ägyptologie und anerkannte Wissenschaftsorganisator, Oberbibliothekar der Königlichen Bibliothek. Er setzt bei Hofe die Verdoppelung des Etats der Bibliothek durch und leitet den Erwerb des Neubaugeländes Unter den Linden ein. In seiner großen, von Friedrich Althoff angeregten Denkschrift von 1884 entwirft Lepsius die Idee, die Königliche Bibliothek sei in den Rang einer Weltbibliothek zu erheben; sie solle das immerwährende Gedächtnis der Menschheit sein für alles Wesentliche, was je getan und gedacht worden ist. – Der früheren, eher abschätzigen Bewertung seiner Leistung als Bibliotheksleiter steht das moderne positive Urteil von Georg Leyh entgegen, der Lepsius eine auch bibliothekarisch »große, überzeugende Persönlichkeit« nennt.

Kritik in den 70er Jahren: Zur Ausstattung der Bibliothek

Zumal während der Amtszeit von Lepsius ist die Königliche Bibliothek Gegenstand öffentlicher Auseinandersetzungen. An ihnen sind neben Politikern und Bibliothekaren auch führende Historiker wie Treitschke und besonders Mommsen beteiligt, der im preußischen Abgeordnetenhaus wiederholt und temperamentvoll die räumlichen Unzulänglichkeiten der »Kommode« und vor allem die ungenügende Personalausstattung bemängelt. Beides habe – so Mommsen 1874 – dazu geführt, »daß die Königliche Bibliothek in Berlin eine der schlechtesten der jetzt vorhandenen großen Bibliotheken ist.« Doch ergänzt Mommsen seine vornehmlich der Aufsichtsbehörde geltende Anklage – »welche Schande für den Staat der Intelligenz, für die Aufschrift ›Nutrimentum spiritus‹« – durch den ausdrücklichen Hinweis auf die Pflichttreue der dort tätigen Bibliothekare: »Ich gehe nie von der Bibliothek fort, ohne mich zu verwundern und zu bewundern, daß die deutsche Arbeitsamkeit und die deutsche Gelehrsamkeit an einer solchen Stelle immer noch in einem gewissen Grade ausdauert.«

78 Julius Schrader (1808–1898). Der Naturwissenschaftler, der in frühen Jahren auch dichtete, gehört von 1835–81 der Königlichen Bibliothek an. Er hat in erster Linie als geistiger Schöpfer des Sach- oder Realkatalogs der Bibliothek zu gelten. Die von ihm entworfene hierarchisch gedachte, alle Wissenschaften umfassende Systematik, gelegentlich als die größte wissenschaftliche Leistung der Bibliotheca Regia Berolinensis gewürdigt, hat nicht wenigen Bibliotheken bei deren Sacherschließung zum Muster gedient. – Schrader, der »bewährte Kenner alter gedruckter Literatur« und »eigentliche Leiter« der Bibliothek, wird uns von seinem Schüler Eduard Ippel als »eine Kampfnatur« geschildert, der sich sowohl seine Gehaltserhöhung wie seine Pensionierung regelrecht »hat erkämpfen müssen«.

79 Friedrich Althoff (1839–1908). Volle 25 Jahre (1882–1807) ist Althoff der für die wissenschaftlichen Bibliotheken in Preußen zuständige Referent im preußischen Kultusministerium. In überlegener Manier, nicht frei von selbstherrlichen Anwandlungen, lenkt er namens des Ministeriums alle wichtigen Angelegenheiten der wissenschaftlichen Bibliotheken, die er organisatorisch zusammenzufassen sucht. Als deren Spitze läßt Althoff der Königlichen Bibliothek besondere Förderung angedeihen. Sein Ziel ist, Preußen in der Bewältigung übergreifender kultureller Aufgaben stellvertretend für Deutschland handeln zu lassen. Nach Fritz Milkau vereinte Althoff »mit einem ausgesprochenen Gefühl für Recht und Billigkeit ein für einen Juristen beinahe auffälliges Interesse für die Bibliotheken«.

80 Theodor Mommsen (1817–1903). Im Juli 1884 schreibt Mommsen seinem Schwiegersohn Ulrich von Wilamowitz-Moellendorff: »Nun ist Lepsius tot... Wäre ich 20 Jahre jünger, so versuchte ich vielleicht diese Aufgabe zu lösen; aber vor dieser Torheit schützt denn doch das Alter, und übrigens ist es ja auch Hofamt.«
Rückblickend meint Emil Jacobs, einst Mitarbeiter Mommsens und Bibliothekar der Königlichen bzw. Preußischen Staatsbibliothek: Mommsen sei »der geborene Bibliothekar« gewesen, er wäre »der großartigste aller deutschen ›Professorenbibliothekare‹« geworden.

81 Heinrich von Treitschke (1834–1896). 1884, also gleichzeitig mit der Denkschrift von Lepsius, erscheint in den Preußischen Jahrbüchern Treitschkes epochemachender, von Althoff autorisierter Aufsatz über »Die Königliche Bibliothek in Berlin«. In ihm fordert der streitbare nationale Historiker mit starken Worten den Ausbau dieser Bibliothek zu einer großen, den zentralen Bibliotheken anderer großer Kulturnationen vergleichbaren, umfassend sammelnden Universalbibliothek.

83 Die Kommode 1905 beim Ausscheiden von August Wilmanns und wenige Jahre vor dem Umzug der Bibliothek (1909) in den nahegelegenen Ihne-Bau.

82 Wirtschaftsgebäude des Niederländischen und des Palais Kaiser Wilhelms I. Photographie von F. Albert Schwartz um 1890. Dieser linke Seitenflügel der Kommode (= Behrenstr. 41) und der links anschließende rückwärtige Teil des Niederländischen Palais (= Behrenstr. 42) wurden erst 1882–83 Eigentum der Bibliothek. Während Nr. 41 vorwiegend zum Büchermagazin ausgebaut wurde, nahm die Nr. 42 die Karten- und Musiksammlung sowie den Zeitschriftenlesesaal auf.

84 August Wilmanns (1833–1917). Gemälde von T.H. Röbbecke 1909. Als der Altphilologe Wilmanns 1886 das Generaldirektorat der Königlichen Bibliothek übernimmt, liegen bereits lange Jahre wissenschaftlichen (Ordinariat in Freiburg, Innsbruck und Kiel) und bibliothekarischen Wirkens (Leitung der Universitätsbibliotheken Königsberg und Göttingen) hinter ihm. In Berlin fördert Wilmanns entschlossen die Entwicklung der Bibliothek zur modernen wissenschaftlichen Universalbibliothek. Sie wird unter seiner Leitung (1886–1905) durch Aufstockung der Personal- und Sachmittel und eine kontinuierliche, von ihm persönlich überwachte Erwerbungspolitik zur größten (1905: 1,2 Mill. Bände) und meist benutzten Bibliothek des deutschen Sprachraums. Mit ihm, dem eine umfassende Bücherkenntnis nachgerühmt wird, geht die über 125 Jahre währende Epoche der Königlichen Bibliothek in der Kommode zu Ende. Der Einzug in den Neubau (Unter den Linden), dem er 1902 »in vieler Hinsicht viel Empfehlendes und Anziehendes« abgewinnt, überläßt er dem Nachfolger.

85 Hauptlesesaal der Königlichen Bibliothek (Aufnahme 1905). Seit 1884, der letzten baulichen Erweiterung der Bibliothek in der »Kommode«, befindet sich der mit zwei Galerien ausgestattete große Lesesaal, »der erst jetzt diese Bezeichnung verdiente« (E. Paunel), im Obergeschoß des Mitteltrakts. Er hat Oberlicht und 125 Leseplätze.

Zum Vergleich:

86 Straßburg – Universitäts- und Landesbibliothek (Aufnahme 1929). Auch dieser Lesesaal, erbaut 1889–94, ist ein quadratischer Raum (300 m^2, 80 Arbeitsplätze) mit Oberlicht und mehreren Galeriebändern für die Handbibliothek, aber im Gegensatz zu Berlin im Zentrum des kubisch konzipierten Bibliotheksgebäudes gelegen.

Philolog.

Kritiker. Auf der Suche nach einem alten Inserat.

Die königl. Bibliothek in Berlin.

Eine Skizze von A. Oskar Klaußmann.

Neben dem Gebäude, das für eine Art Heiligthum des deutschen Volkes gilt, neben dem Palais des Kaisers Wilhelm I. in Berlin, unmittelbar daran anstoßend, liegt, mit der Front nach dem Opernplatz, ein gewaltiges Gebäude, das im Volksmunde den sonderbaren Namen die „Kommode" führt. Dieses Haus ist die königl. Bibliothek, und seinen populären Namen verdankt es dem Umstand, daß seine Façade allerdings einer riesigen geschweiften Kommode mit Säulen gleicht, wie sie im vorigen Jahrhundert modern gewesen ist. Das Volk behauptet, „der alte Fritz" habe dem Baumeister ausdrücklich eine Kommode als Muster für die Façade empfohlen. In Wahrheit rührt der Entwurf des Baues von dem wiener Architekten Fischer von Ehrenbach her, der das Bauwerk als ein Nebengebäude der kaiserl. Burg in Wien aufführen wollte. Dieser Plan wurde nicht ausgeführt, der Baumeister legte den Entwurf im Jahre 1774 dem König Friedrich vor, und dieser genehmigte ihn, nachdem er noch selbst einige Aenderungen daran vorgenommen hatte. Im Jahre 1780 war der Bau vollendet, und vier Jahre währte dann die Aufstellung der Bibliothek, die schon damals zu den größten in Europa zählte. Das Gebäude erhielt die Inschrift: „Nutrimentum spiritus", was bedeuten soll: „Nahrungsmittel für den Geist"; der kaustische berliner Volkswitz hat aber die Uebersetzung gefunden: „Nahrungsmittel ist der Spiritus", und für gewisse berliner Bevölkerungsschichten hat diese Uebersetzung die Bedeutung eines Axioms. Quintus Icilius, der bekannte Günstling Friedrich's des Großen, soll der Verfasser dieser etwas mislungenen Inschrift sein.

Im großen Lesesaal.

Der Große Kurfürst ist der Begründer der Büchersammlung, die heute mit mehr als einer Million Bänden und 15000 Handschriften die königl. Bibliothek von Berlin bildet. Im Jahre 1659 wurde die kurfürstliche Bücherei eröffnet, und ihr erster Bibliothekar war Johann Rave. Schon Markgraf Joachim Friedrich hatte sämmtliche Bibeln und Handschriften Luther's von den Erben des Reformators gekauft, und diese kamen in die Bibliothek, die beim Tode des Großen Kurfürsten schon mehr als 20000 Bände und über 600 Manuscripte zählte. Der erste König von Preußen erließ eine Verfügung, die noch heute in Kraft ist, und die der Bibliothek außerordentlich viel Material, wenigstens quantitativ, zugeführt hat. An alle Buchhändler und Buchdrucker in Preußen wurde nämlich der Befehl erlassen, von jedem Werk, das in ihrem Verlage erscheint, zwei Exemplare unentgeltlich an die königl. Bibliothek zu liefern. Beim Regierungsantritt König Wilhelm's im Jahre 1861 besaß die Bibliothek gegen 600000 Bände, jetzt, wie bereits erwähnt, mehr als eine Million. Sie kann sich auch in qualitativer Hinsicht mit allen Büchereien der Welt messen. Sie besitzt eine Bibel von Fust und Gutenberg's 42zeilige Bibel auf Pergament, die erste, die mit beweglichen Lettern gedruckt wurde. Sie hat eine stattliche Porträtsammlung, die in einem besondern Abtheil verwaltet wird, und unter ihren Handschriften befinden sich unschätzbare historische Seltenheiten, so ein Manuscript der vier Evangelisten, mit schönem Elfenbeinschnitzwerk auf dem Einband, das Karl der Große dem Sachsenherzog Wittekind geschenkt haben soll, viele Manuscripte der Reformatoren, des Großen Kurfürsten, eine englische Bibel und ein Gebetbuch Karl's I. von England, Papyrusrollen, türkische, griechische, tamulische, arabische, isländische, lateinische und Sanskrit-Handschriften, den Codex Justiniani mit der Glosse des Azo, den schönen Codex des Cicero, Handschriften zahlreicher deutscher Dichter vom Mittelalter bis zur Gegenwart u. s. w.

Römischer Geschichtsforscher.

Vorbereitung zum Assessorexamen.

Typen aus den Lesesälen der königl. Bibliothek zu Berlin. Skizzen nach dem Leben von Otto Andres.

87 Leser-Studien (1895). Lesesaalbenutzer vor der Jahrhundertwende – leicht verfremdet. Mit etwas Fantasie lassen sich jedenfalls Theodor Fontane und Theodor Mommsen erkennen. (Aus: Illustrirte Zeitung, Leipzig, vom 28.9.1895; Zeichnungen: Otto Andres.)

Das Gebäude ist vollständig unzulänglich für die Zwecke einer modernen Bibliothek, bietet nicht einmal den nothwendigsten Raum zur Aufstellung der vorhandenen Bücher und ist nach

Kunstschriftsteller.

dem Urtheil der Sachverständigen schon durch die unmittelbare Nachbarschaft des Palais im höchsten Grade feuergefährlich. Der Neubau eines Bibliothekgebäudes ist eine der dringendsten,

Im zehnten Semester.

zwingendsten Nothwendigkeiten, aber an einen solchen ist vorläufig nicht zu denken. Für solche Dinge haben die preußischen Finanzminister in den letzten Jahrzehnten niemals Geld gehabt. Welch ein Finanzgenie muß doch der große Friedrich gewesen sein! Zehn Jahre nach dem fürchterlichen Siebenjährigen Kriege, der sein Land bis aufs Mark ausgesogen hatte, besaß er noch so viel Geld, um das Bibliothekgebäude zu erbauen, und nicht nur dieses, sondern eine Menge anderer noch prächtigerer Bauten. Wir haben fünf Milliarden ins Land bekommen, wir spielen die erste Flöte im europäischen Concert, wir sind ein „großes Culturvolk" geworden, aber zu einem Bibliotheksbau langt es in Preußen absolut nicht. Tempora mutantur.

Das Untergeschoß des Gebäudes dient Verwaltungszwecken und macht in seiner spartanisch-bureaukratischen Einfachheit einen „altpreußischen" Eindruck, den man so bald nicht vergißt. Im Hintergrund führt eine halbdunkle Treppe zur eigentlichen Bibliothek empor. Selbst ohne alle Phantasie kann man beim Betreten dieser Treppe glauben, nicht zu einem „nutrimentum spiritus", sondern zum Futterboden einer Cavaleriekaserne emporzusteigen. Der Eindruck wird für den Besucher erhöht, wenn er z. B. in diesem Augenblick an das herrliche Treppenhaus der Hof- und Staatsbibliothek in München denkt.

Der Eintritt in den großen Lesesaal im ersten Stock ist Besuchern gestattet, die nur auf einen Augenblick zu Besichtigungszwecken sich aufhalten sollen; wer aber in dem Saale wirklich lesen und arbeiten will, hat sich, ebenso wie jeder, der die Bibliothek zu benutzen beabsichtigt, einer ziemlich demüthigenden Procedur zu unterwerfen. Er bedarf nämlich eines Bürgen, und als solchen nimmt die Verwaltung laut Reglement nur einen „unmittelbaren Staatsbeamten" an.

Doch, da sind wir endlich im Lesesaal! Betrachten wir die Besucher desselben, die sich in ständige und zufällig anwesende eintheilen lassen. Unter den ständigen Besuchern fällt uns ein alter Herr mit einem Charakterkopf auf, der uns den echten Typus des deutschen Forschers und Gelehrten zeigt. Es ist eine Weltberühmtheit, der Meister römischer Geschichte Mommsen. Mehr als einmal fliegt der Blick der andern Arbeitenden hinüber nach dem so unermüdlichen greisen Herrn, der auch hier in seiner Weise zu arbeiten und zu schaffen vorbildlich wirken könnte. Das bemooste Haupt im zehnten Semester, das jetzt daran denkt, „endlich zu arbeiten", mag vielleicht einen nicht unberechtigten „moralischen" haben, wenn es an den Riesenfleiß des Professors denkt und vielleicht auch daran, daß es noch andere Professoren gibt, die als Examinatoren bald vor ihm stehen werden.

„In des Professors Zügen möcht'st du lesen
Von Hoffnung, von Erbarmen einen Schein:
Bei dem bist nie du im Colleg gewesen,
O Gott, wozu muß das Examen sein!"

Das elende Examen! Auch der Herr Assessorandus weiß davon ein Lied zu singen. Da haben sie ihm zur schriftlichen Arbeit eine solch „ausgefallene Sache" als Thema gegeben, eine Monographie aus dem Seerecht soll er verzapfen, und nicht einmal genügend Literatur ist über den Gegenstand vorhanden. Mühsam hat er in der königlichen Bibliothek noch ein paar „Scharteken" aufgetrieben, und nun heißt es: hinein in den Strudel der Bodmerei und des Bergerechts.

Für das Examen, diese greuliche Institution der Culturmenschheit, arbeitet auch der alte Theolog, der einige Jahre auf der „Hausmeierei" gewesen ist und nun daran denkt, „in das Examen zu steigen". Er beschäftigt sich mit den Wissenschaften von der Glaubenslehre, über der schon viele Häupter gebrütet, Häupter in Hieroglyphenmützen, Häupter in Turban und schwarzem Baret, Perrückenhäupter und tausend zweifelnde Menschenhäupter. Nicht für das Examen, aber doch für die „öffentliche Prüfung" arbeitet der Kunstschriftsteller, der in dem, was die Vorwelt schon gedacht, neue Gedanken sucht. Nicht anders geht es dem Kritiker, der hier aus alten Quellen Weisheit schöpft, um sie in seinen Kritiken an das Publikum zu bringen. „Schlagt ihn todt den Hund, es ist ein ... Concurrent!"

Neben ihm sitzt eine der ständigen Besucherinnen des Lesesaals, deren Sinn auf materielles gerichtet ist. Sie blättert unermüdlich schon seit Monaten in alten Jahrgängen von Tageszeitungen und sucht ein Inserat, das sich auf eine der bekannten holländischen oder amerikanischen Millionenerbschaften bezieht. In diesem Inserat sollen vor einer Reihe von Jahren die Erben des im Auslande verstorbenen Erblassers aufgefordert worden sein, ihre Ansprüche anzumelden. Nach den nähern Daten dieses Inserats forscht die Besucherin, vor deren Augen beständig die Fata Morgana einer riesigen Erbschaft schwebt.

Das andere „Volk" im großen Lesesaal, das der Künstler auf einem Bilde gruppirt hat, forscht, sucht und liest mit dem Eifer, den der Drang nach Kenntniß und neuer Wissenschaft verleiht. Mehr der Unterhaltung gewidmet ist die Thätigkeit der Leute, die in dem Lesezimmer für Zeitschriften ihre Zeit verbringen, insofern sie nicht aus den Fachzeitschriften Anregung und Belehrung suchen. Dieser Zeitschriften-Lesesaal, in dem man nicht einmal etwas zu verzehren braucht, ist ein wahres Dorado für alle Zeitungstiger, die hier schwelgen können, ohne daß ein naseweiser Kellner kommt, der ihnen zuflüstert, daß die Zeitung „bereits von drei Herren bestellt" sei.

Auf der Leiter.

Für alle diese Leselustigen sorgen die Herren Bibliothekare, denen ausnahmslos außerordentliche Freundlichkeit und unermüdliche Dienstbereitschaft nachgerühmt wird. Das ist wenigstens eine erfreuliche Thatsache in dem alten Lagerschuppen für „nutrimentum spiritus".

Im Zeitschriften-Lesezimmer.

Typen aus den Lesesälen der königl. Bibliothek zu Berlin. Skizzen nach dem Leben von Otto Andres.

Alpines.

— Die Hauptversammlung deutscher Touristenvereine tagte am 15. September zu Plauen i. V. Dem Verbande gehören gegenwärtig 30 Vereine mit etwa 50000 Mitgliedern an. Es waren Vertreter aus Berlin, Frankfurt, Wiesbaden, Tübingen, dem Sauerlande u. s. w. erschienen. Aus den Beschlüssen sei hervorgehoben, daß fernerhin auf jeder Mitgliedskarte der Vermerk „Mitglied des Verbandes deutscher Touristenvereine" stehen und daß ein allgemeines Verbandsabzeichen für Mitglieder eingeführt werden soll. Angeregt wurde, auf Preisermäßigung für Mitglieder in Hotels hinzuwirken. Die übrigen Beschlüsse betrafen Förderung der Touristik. Zum Ort der nächstjährigen Hauptversammlung wurde Wunsiedel im Fichtelgebirge gewählt. Mit dem Verbandstage war eine touristische Ausstellung verknüpft.

— In der Hauptversammlung des Eifel-Vereins zu Blankenheim, den 15. August, wurde die Rechnung für das Jahr 1894 (Einnahmen 4328 ℳ, Ausgaben 3609 ℳ) genehmigt und der Haushaltungsplan für 1896 festgestellt. Letzterm zufolge sind zu Wegbauten bewilligt worden den Ortsgruppen: Kyllburg 100 ℳ, Stadtkyll 150 ℳ, Neuerburg 150 ℳ, Nettersheim 100 ℳ, Blankenheim 200 ℳ, Mehren 100 ℳ, für ein Aussichtsgerüst auf dem Krampel am Laacher See 200 ℳ, für den Gänsehals 100 ℳ. Der Lieserthalweg ist nunmehr fast ganz fertiggestellt,

88 Leihstelle (Aufnahme 1905). Sie ist im Erdgeschoß des rechten (nördlichen) Flügels der »Kommode« untergebracht.

89 Direktorzimmer 1905. Im Erdgeschoß der »Kommode« gelegen. – Abgebildet sind (von links) Paul Schwenke, damals noch Direktor der Druckschriftenabteilung, Eduard Ippel, Direktor der Benutzungsabteilung, und Max Perlbach, Direktor der Katalogabteilung.

90 Alphabetischer Hauptkatalog 1905. Dieser Band- oder Benutzerkatalog – er umfaßt 1906 1326 Bände – ist im südlichen Flügel des Erdgeschosses untergebracht. Er wächst bis 1939 auf 3644 Bände an. – Abgebildet sind (von links) Adrian, Adalbert Schröter, Karl Brodmann (1864–1915), Karl Hartmann.

91 Arbeitssaal Hofseite 1905. Hier wird der zweite Alphabetische Katalog, der Dienstkatalog, geführt. Er besteht, wie auf dem Bild erkennbar, aus Karten im Format DIN A 5 quer und ist bis 1908 der einzige alphabetische Zettelkatalog der Bibliothek.

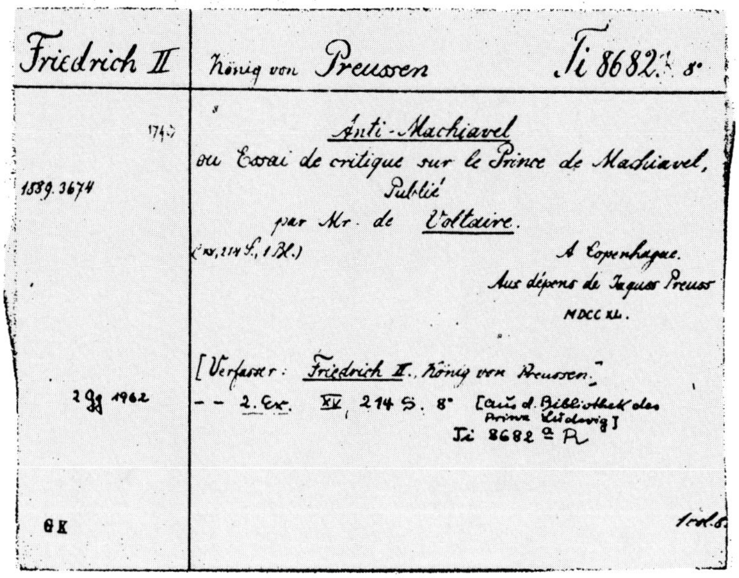
Friedrich II | König von Preussen | Ti 8682 8°

Anti-Machiavel
ou Essai de critique sur le Prince de Machiavel,
Publié
par Mr. de Voltaire.

A Copenhague.
Aux dépens de Jaques Preuss
MDCCXL.

[Verfasser: Friedrich II., König von Preussen.]
-- 2. Ex. XV, 214 S. 8° [aus d. Bibliothek des Prinzen Ludwig]
Ti 8682 a R

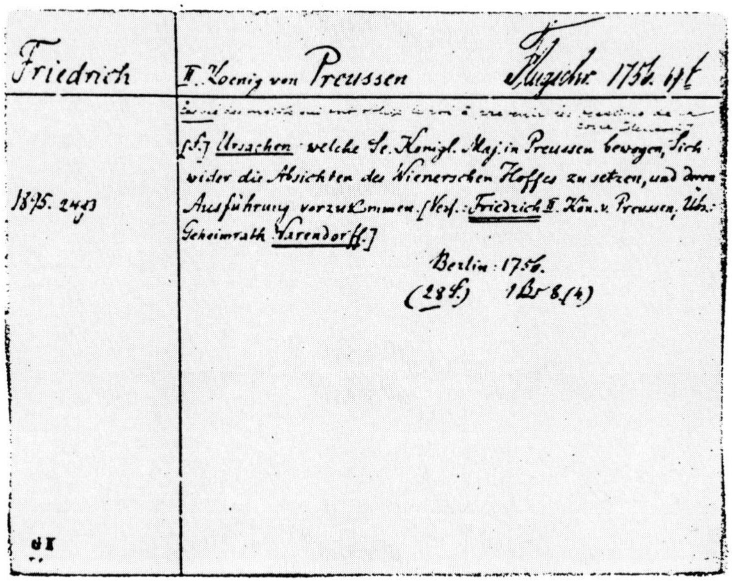
Friedrich | II. Koenig von Preussen | Flugschr. 1756

Ursachen welche Se. Königl. Maj. in Preussen bewogen, Sich wider die Absichten des Wienerischen Hoffes zu setzen, und deren Ausführung vorzukommen. [Verf.: Friedrich II. Kön. v. Preussen; Mitarb.: Geheimrath Varendorff.]

Berlin: 1756.

Zwei Titelaufnahmen auf Zetteln des alten Alphabetischen Katalogs.

Als Beispiele sind zwei Schriften König Friedrichs II. von Preußen ausgewählt, die Epoche gemacht haben:

92 Erstausgabe des 1739 von Friedrich als Kronprinz verfaßten »Anti-Machiavel« (1740). Der Titel stammt von Voltaire, der die Schrift auch inhaltlich überarbeitete und sie ohne Erlaubnis Friedrichs veröffentlichte.

93 Die Flugschrift des Königs, mit der er 1756 seinen Einmarsch in Böhmen rechtfertigte. Er begründete ihn als Präventivschlag und löste damit den Siebenjährigen Krieg aus. Der Zusammenhang: Schon im Antimachiavell hatte Kronprinz Friedrich nahezu hellseherisch erklärt: »Auch Angriffskriege gibt's, die ihre Rechtfertigung in sich tragen...: es sind das die vorbeugenden Kriege, wie sie Fürsten wohlweislich dann unternehmen, wenn die Riesenmacht der größten europäischen Staaten alle Schranken zu durchbrechen und die Welt zu verschlingen droht.« – Titel der Originalausgabe (auf der Abb. nur schwach erkennbar): Exposé des motifs qui ont obligé le roi à prévenir les desseins de la cour.

Ursachen

welche

Se. Königl. Maj. in Preussen

bewogen,

Sich wider die Absichten des

Wienerschen Hoffes

zu setzen, und deren Ausführung

vorzukommen.

Berlin, 1756.

94 Titelblatt der Flugschrift von 1756. (Eine Nachkriegserwerbung der Staatsbibliothek Preußischer Kulturbesitz. Sign.: Flschr. 1756,1)

95 Büchersaal 2. Stock 1905. Die Bücherregale in den Magazinen des 2. und 3. Geschosses haben eine Höhe von 3,20 bis 3,50 m. – Auf der Leiter: Hermann Lipke.

96 Valentin Rose (1829–1916) und Emil Jacobs 1905. 50 Jahre, von 1855–1905, gehört Rose, klassischer Philologe wie sein Freund Wilmanns, aber mit starken naturwissenschaftlichen Neigungen, der Königlichen Bibliothek an, ab 1886 als Leiter und erster Direktor ihrer Handschriftenabteilung. Sein Hauptwerk ist das »Verzeichnis der lateinischen Handschriften der Königlichen Bibliothek zu Berlin« (1893–1905). In ihm paart sich philologische Akribie mit enzyklopädisch-literarischem Wissen. Zum 50jährigen Dienstjubiläum heben seine Mitarbeiter Roses »stille, unablässige, hingebungsvolle Arbeit an einem gemeinsamen Werke« hervor. Und sein »amicus iuvenis« Emil Jacobs charakterisiert ihn aus genauer Kenntnis so: »Gelehrter im innersten Wesen, aus freier Neigung Bibliothekar, sah Rose die Aufgabe seines Amtes in der gelehrten beruflichen Arbeit, als deren Krone ihm die Beschäftigung mit den Handschriften galt.«

97 Musiksammlung 1905. Diese Sondersammlung reicht mit ihren Anfängen bis ins Jahr 1824/25 zurück. Sie erlangt große Bedeutung durch den Erwerb der an wertvollsten Autographen reichen Sammlung Pölchau (1841). Von 1906 an wird systematisch die Produktion der deutschen Musikverlage erworben. Seit 1912 besteht eine selbständige Musikabteilung. – Abgebildet ist u. a. der Leiter der Sammlung (bis 1914) Albert Kopfermann (links vorn); ganz links Otto Stolle.

ERINNERUNGEN AN DIE

KÖNIGLICHE BIBLIOTHEK

1874 – 1885

VORTRAG

GEHALTEN IN DER VEREINIGUNG BERLINER BIBLIOTHEKARE AM 5. DEZEMBER 1908 VON

EDUARD IPPEL

ALS HANDSCHRIFT GEDRUCKT

FREIBURG IM BREISGAU

C. A. WAGNERS HOF- UND UNIV.-BUCHDRUCKEREI

1916

98 Kartensammlung 1905. Eine nennenswerte Kartensammlung gibt es in der Königlichen Bibliothek seit 1859. Sie wird laufend mit Sachverstand und dem glücklichen Erwerb geschlossener Bestände zu einer der reichsten Sammlungen erweitert und 1922 als Kartenabteilung verselbständigt. – Abgebildet sind u. a. vorn sitzend der Leiter der Sammlung (bis 1920) Heinrich Meisner und rechts von ihm Hans Paalzow.

»Die alte Kommode« Gedicht aus dem Jahre 1898 (aus: Lustige Blätter 13 (1898), Nr. 36).

Seit den 70er Jahren werden angesichts der wachsenden Raumnot in der spartanisch-einfach eingerichteten »Kommode« sowie der Baufälligkeit einiger Räume die Überlegungen zur Errichtung eines neuen Bibliotheksgebäudes intensiviert. Auf einen der zeitweise erörterten Pläne spielt dieses Gedicht an. Der Vorschlag zur Verlegung der Königlichen Bibliothek an die damalige Peripherie der Stadt, nämlich nach Charlottenburg nahe dem Bahnhof Zoologischer Garten, 5 km vom bisherigen Standort entfernt, findet Zustimmung auch bei einflußreichen Kreisen (Harnack!) und Bibliothekaren (Schwenke, Otto Hartwig). Allein hier, in einer »weitgehend unerschlossenen Gegend«, so die Befürworter des Planes, sei ein genügend großes Areal erwerbbar, das den Raumbedarf der Bibliothek für mindestens 50 Jahre decken könnte.

Die alte Kommode.

Es steht in Berlin, wie allen bekannt,
Ein Haus, »die alte Kommode« genannt,
Millionen von Büchern finden Platz
In diesem ehrwürdigen Wissens-Schatz.
Wer Bücher verlangt, der findet den Weg
Zur Königlichen Bibliothek,
Die freilich nicht eben schön als Bau,
Denn einer Kommode gleicht sie genau;
Was aber noch Keinem geschadet hat:
Sie steht am besten Platze der Stadt,
So dass kein Professor und kein Student
Sich unnütz die kostbare Zeit verrennt.

Bald aber naht ihr der Abbruchstermin,
Die Bücher wandern dann fort aus Berlin
Nach einem Vorort, der meilenfern
Vom Centrum der studirenden Herrn;
Dort wird ein neuer Palast konstruirt,
Der sicher die Landschaft da draussen ziert
Und der, wie gesagt, nur den Uebelstand hat:
Die Bücher sind alle heraus aus der Stadt.
Wir haben nunmal das Verlegungs-System,
Das allen Betheiligten unbequem,
So dass, wenn die »alte Kommode« vergeht,
»Die neue Inkommode« entsteht.

99/100 Eduard Ippel (1849–1915)

Ippel wird mit 25 Jahren (1874) Bibliothekar der Königlichen Bibliothek. Ihr bleibt er zeitlebens treu, zuletzt als Direktor der Benutzungs- und der Katalogabteilung (1901–15). Er widmet sich vorwiegend dem alphabetischen Zettelkatalog und dem Realkatalog und ist maßgeblich an der Bearbeitung und späteren Revision der Preußischen Instruktionen sowie an der Ausbildung des mittleren Dienstes beteiligt. Bekannt geworden ist Ippel außerdem durch seine literarhistorischen Arbeiten und zumal durch seine Büchmann-Ausgaben. Den Bibliothekaren steht seine Persönlichkeit bleibend vor Augen durch seine lebendigen, humorvollen »Erinnerungen an die Königliche Bibliothek« – eine unschätzbare Quelle für die Zustände und Menschen in der »alten Kommode«.

101 Universitätsjubiläum 1910. In die Zeit zwischen dem Auszug der Bibliothek aus ihrem alten Domizil, aus ihrer »Enge, in der Bücher und Menschen fast bis zur Unerträglichkeit aneinander gedrängt« waren (E. Ippel), und dem Bibliotheksjubiläum 1911 fällt der 100. Geburtstag der Friedrich-Wilhelms-Universität. Bei den Festveranstaltungen wird die enge Verbundenheit zwischen Universität und Königlicher Bibliothek betont, besonders durch den Generaldirektor, der aus diesem Anlaß der Universität die alte Bibliothek als ihr neues Kollegiengebäude überweist. In der neuen Aula, dem völlig umgebauten ehemaligen Lesesaal der Bibliothek, findet am 11. Oktober 1910 der eigentliche Festakt statt. Im Anschluß daran (s. Abb.) begleitet der Rektor Erich Schmidt, »repräsentierend wie ein Fürst«, das Kaiserpaar in das Universitätsgebäude.

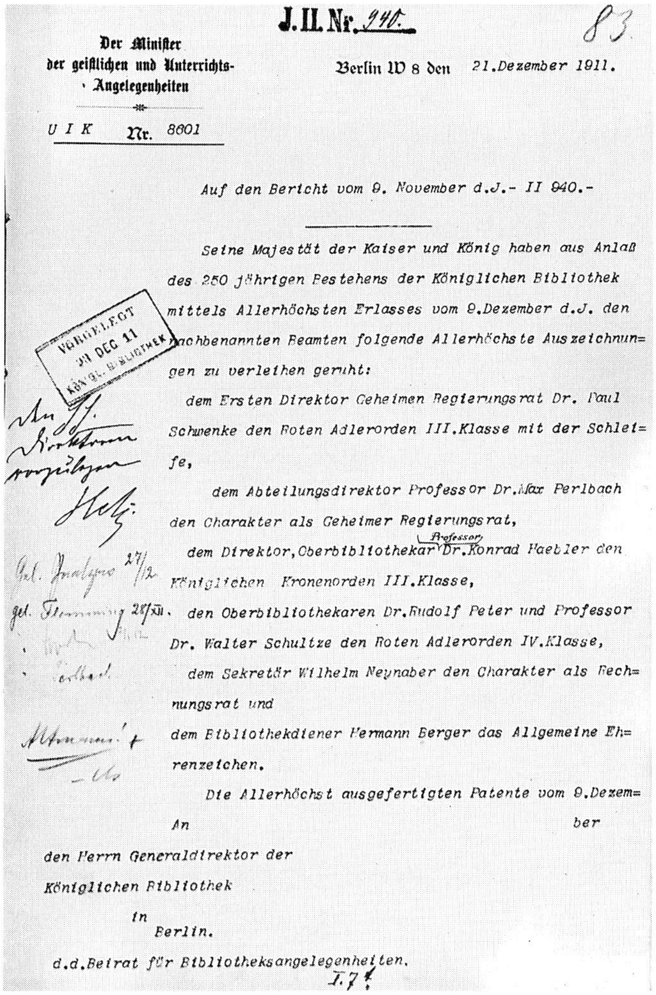
J.II. Nr. 940.

83

Der Minister
der geistlichen und Unterrichts-
Angelegenheiten

U I K Nr. 8601

Berlin W 8 den 21.Dezember 1911.

Auf den Bericht vom 9. November d.J.- II 940.-

Seine Majestät der Kaiser und König haben aus Anlaß des 250 jährigen Bestehens der Königlichen Bibliothek mittels Allerhöchsten Erlasses vom 9.Dezember d.J. den nachbenannten Beamten folgende Allerhöchste Auszeichnungen zu verleihen geruht:

dem Ersten Direktor Geheimen Regierungsrat Dr. Paul Schwenke den Roten Adlerorden III.Klasse mit der Schleife,

dem Abteilungsdirektor Professor Dr.Max Perlbach den Charakter als Geheimer Regierungsrat,

dem Direktor,Oberbibliothekar Professor Dr.Konrad Haebler den Königlichen Kronenorden III.Klasse,

den Oberbibliothekaren Dr.Rudolf Peter und Professor Dr. Walter Schultze den Roten Adlerorden IV.Klasse,

dem Sekretär Wilhelm Neynaber den Charakter als Rechnungsrat und

dem Bibliothekdiener Hermann Berger das Allgemeine Ehrenzeichen.

Die Allerhöchst ausgefertigten Patente vom 9.Dezem-

An ber

den Herrn Generaldirektor der
Königlichen Bibliothek
in
Berlin.

d.d.Beirat für Bibliotheksangelegenheiten.

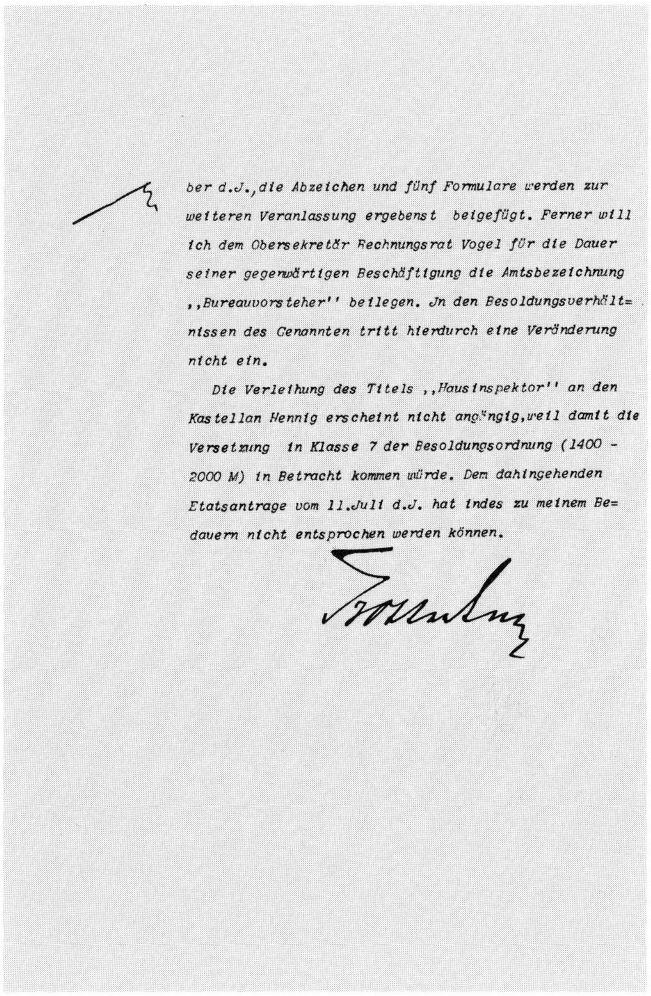
ber d.J.,die Abzeichen und fünf Formulare werden zur weiteren Veranlassung ergebenst beigefügt. Ferner will ich dem Obersekretär Rechnungsrat Vogel für die Dauer seiner gegenwärtigen Beschäftigung die Amtsbezeichnung ,,Bureauvorsteher'' beilegen. Jn den Besoldungsverhältnissen des Genannten tritt hierdurch eine Veränderung nicht ein.

Die Verleihung des Titels ,,Hausinspektor'' an den Kastellan Hennig erscheint nicht angängig,weil damit die Versetzung in Klasse 7 der Besoldungsordnung (1400 - 2000 M) in Betracht kommen würde. Dem dahingehenden Etatsantrage vom 11.Juli d.J. hat indes zu meinem Bedauern nicht entsprochen werden können.

102 Auszeichnungen anläßlich des 250. Geburtstages der Bibliothek. Eine ähnliche Ordensflut war auf die Beamten der Königlichen Bibliothek zweieinhalb Jahre zuvor herniedergegangen, nachdem im März 1909 der Umzug des gesamten Bücherbestandes aus der Kommode in den Ihne-Bau vollzogen war. Immerhin wurden dabei in zweieinhalb Wochen nahezu 34 000 laufende Meter bewegt.

103 Die »Kommode« unmittelbar nach dem Zweiten Weltkrieg (1945)

104 Die wiederaufgebaute »Kommode« (1979). Sie wird heute von der Humboldt-Universität genutzt.

IV. Die Bibliothek im Ihne-Bau Unter den Linden 1909–1945

Daten zur Epoche der Weltkriege (Politik, Kunst und Wissenschaft)

	in Deutschland-Europa	*in Berlin*
1914	Der 1. Weltkrieg beginnt als Auseinandersetzung der europäischen Großmächte um die politische Vorherrschaft	
1917	Eintritt der USA in den Krieg; Oktoberrevolution in Rußland	Universum-Film AG (Ufa) gegründet
1918	Der Krieg endet mit der Niederlage Deutschlands und seiner Verbündeten; Abdankung Kaiser Wilhelms II. und der anderen deutschen Monarchen	
1919	Der Sozialdemokrat Friedrich Ebert wird Reichspräsident; die Weimarer Republik erhält ihre Verfassung Walter Gropius gründet das ›Staatliche Bauhaus‹ in Weimar	Max Reinhardt eröffnet das Große Schauspielhaus mit der Orestie von Aischylos
1920		Groß-Berlin wird geschaffen
1923	Ende der Inflation, Stabilisierung der deutschen Währung	Beginn des Rundfunks in Deutschland
1924	Thomas Manns Roman »Der Zauberberg«	Flughafen Tempelhof wird eröffnet
1925	Der kaisertreue Feldmarschall Paul v. Hindenburg wird Reichspräsident	Alban Bergs Oper »Wozzek« wird von Erich Kleiber uraufgeführt
1926	Rückkehr Deutschlands in den Völkerbund	Der Funkturm (120 m hoch) wird eröffnet
1928	Abschluß des Kelloggpaktes zur allgemeinen Ächtung des Krieges	Vorführung des drahtlosen Fernsehens auf der Funkausstellung
1929	Die Weltwirtschaftskrise beginnt in den USA; sie erschüttert zunehmend auch die politische Stabilität Deutschlands und fördert die Bildung extremer Parteien	Alfred Döblin »Berlin Alexanderplatz«
1930	Beginn der Notverordnungspolitik unter dem Reichskanzler Heinrich Brüning	Verfilmung des Romans von Erich Maria Remarque »Im Westen nichts Neues«

1932	Wiederwahl Hindenburgs zum Reichspräsidenten Die NSDAP wird bei der Reichstagswahl zur stärksten Partei	
1933	›Machtergreifung‹ des Nationalsozialismus	
1935	Wiedereinführung der Allgemeinen Wehrpflicht Carl von Ossietzky erhält den Friedensnobelpreis	
1936		Olympische Spiele
1937	Weltausstellung in Paris	700-Jahrfeier der Stadt Ausstellung ›Entartete Kunst‹
1938	›Großdeutschland‹ durch Anschluß Österreichs ›Reichskristallnacht‹. Wende der NS-Judenpolitik: das Regime forciert die Auswanderung und Ausschaltung der Juden aus allen Lebensbereichen	
1939	Deutscher Einmarsch in Polen – Beginn des 2. Weltkrieges Bertolt Brecht schreibt im Exil »Mutter Courage und ihre Kinder«	
1943	Deutsche Kapitulation in Stalingrad und Tunis	Beginn einer sich steigernden Luftoffensive der Alliierten gegen die deutsche Hauptstadt
1944	Attentatsversuch auf Hitler am 20. Juli	
1945	Das nationalsozialistische Deutschland kapituliert – Ende des 2. Weltkriegs und Beginn der deutschen Teilung	Eroberung der großenteils zerstörten Stadt durch sowjetische Truppen

Die Zeit

22. März 1914

Nur ein Menschenalter dauert diese Zeitspanne voll dramatischen Geschehens, voll zerstörerischer, zuvor nicht geahnter Kräfte. Sie reicht vom letzten glanzvollen Auftritt kaiserlicher Repräsentanz (Abb. 106) am Vorabend des Ersten Weltkrieges bis zur Kapitulation des ausgebluteten Deutschland am Ende eines neuen, verheerenden Krieges (Abb. 107). Sie umspannt somit die vergangene Weltkriegsepoche mit ihrer politischen Instabilität und gefährlichen Schwächung der Volkswirtschaft, mit tiefen sozialen Einschnitten und dem alarmierenden Ansteigen rechts- und linksradikaler Tendenzen, nicht zuletzt mit einem kurzen Aufleben von Kultur und Wissenschaften und deren anschließender Reglementierung und Unterdrückung.

Die Staatsbibliothek

Die Preußische Staatsbibliothek (Abb. 108) sucht in diesen Jahrzehnten nach Überwindung der äußeren Isolierung und des Währungsverfalls die durch den Krieg verursachten Bestandslücken, namentlich an ausländischer wissenschaftlicher Literatur, zu schließen, ihre fachlich-bibliothekarische Leistungsfähigkeit nach Kräften zu erhalten und somit ihre zuvor errungene Weltgeltung wiederzugewinnen, womöglich auszubauen. Der Zweite Weltkrieg vernichtet alle diesbezüglichen Ansätze. Die Preußische Staatsbibliothek endet in einem Chaos.

Mai 1945

Bibliothek und Politik

Für die Bibliotheken tritt, jedenfalls in den 20er Jahren, das politische Element in den Hintergrund. Im Mittelpunkt stehen auf den Fachtagungen vielmehr Sachfragen, besonders die finanzielle Bedrängnis der deutschen Bibliotheken und die Frage, wie dieser Not zu steuern sei; darüber hinaus vor allem das Problem eines preußisch-deutschen Gesamtkatalogs.

Juni 1933

Dann aber, sogleich nach dem »Sieg der nationalen Revolution« (Abb. 109), verteidigt einer der bibliothekarischen Wortführer des »Neuen Deutschlands« die »Bücherverbrennungen marxistischer, kommunistischer und jüdischer Autoren« als eine »ohne Frage notwendige Vernichtungsarbeit«. Er fordert von den wissenschaftlichen Bibliotheken eine Abkehr vom »Götzendienst des liberalistisch-rationalistischen Zeitalters« und nunmehr eine »Anschaffungspolitik« unter »völkischen Gesichtspunkten«.

Januar 1944

Und am Ende dieser Zeitspanne, im vorletzten Kriegsjahr, sieht Hugo Andres Krüß, der Generaldirektor der Staatsbibliothek, im Zusammenhang mit dem »traurigen Räumungsgeschäft in der Staatsbibliothek« den »Zustand des Hauses immer unhaltbarer« werden, und er fragt seinen Briefpartner voller Besorgnis: »Wer soll das alles später wieder in Ordnung bringen?« (Abb. 110)

Einwohnerzahl von Berlin		Stand der Staatsbibliothek	Vergleichbare Bibliotheken	
1910	2,07 Mill.	ca. 1,4 Mill.	München	ca. 1,1 Mill.
1913	2,1	ca. 1,58	Paris	ca. 3,0
			St. Petersburg	2,8
1919	1,9	ca. 1,80	Wien	ca. 0,9
1920	3,8			
1925	4,0	2,04	Leningrad	ca. 4,0
			Washington	3,5
			London	3,3
1930	4,3	2,43	München	1,7
			Göttingen	0,78
1935	4,2	2,62	Washington	5,2
			Paris	ca. 4,5
1940	4,3	2,98	London	ca. 4,5
			München	2,2
			Leipzig DB	1,7
			Wien	1,4
1943	4,4	ca. 3,10	Washington	6,8

105 Luftaufnahme der Innenstadt von Berlin (Ausschnitt; 1925). Blick nach Westen auf die Straße Unter den Linden mit dem Stadtschloß im Vordergrund und den drei früheren Standorten der Bibliothek: Apothekenflügel (verkürzt, rechter vorderer Flügel des Schlosses, parallel zur Spree), Kommode (links der »Linden«, hinter dem Opernhaus), Ihne-Bau (rechts neben der beginnenden Lindenbaumreihe).

106 Eröffnung des Neubaus der Königlichen Bibliothek am 22. März 1914

107 »Berliner Nordost-Zeitung« vom 19. Februar 1943. Zwei Wochen nach der vernichtenden Niederlage von Stalingrad, der Wende im Zweiten Weltkrieg, ruft Joseph Goebbels zum »Totalen Krieg« auf.

Berliner Nordost-Zeitung

Weißenseer Zeitung mit Hohenschönhausener Lokalblatt

Heimatzeitung im 18. Berliner Verwaltungsbezirk (Weißensee, Hohenschönhausen, Malchow, Falkenberg, Wartenberg)

Erscheint täglich außer an Sonn- und Feiertagen. Bezugspreis monatlich RM. 1.50 frei Haus. Durch die Post Zustellungsgebühr oder Porto. Einzelnummer 10 Rpf. Betriebsstörung oder höhere Gewalt schließen Anspruchsrechte auf Nachlieferung oder Bezugspreisminderung aus. Anzeigenpreise laut Preisliste. Rücksendung von unverlangten Schriftsätzen nur bei Beilegung von Porto

Hauptgeschäftsstelle und Schriftleitung: Berlin-Weißensee, Berliner Allee 232 Ruf: 56 21 48. Geschäftszeit: Werktäglich von 7–17 Uhr, Sonnabends bis 16 Uhr. Nebenstellen: Bln.-Hohenschönhausen, Berlinerstr. 113, Ruf: 50 51 [illegible], Bln.-Weißensee, Gustav-Adolfstr. 16, Ruf: 56 16 53. Postscheckkonto Berlin 432 15. Bankkonto: Berliner Stadtbank, Girokasse 61

59. Jahrgang | Freitag, den 19. Februar 1943 | Nummer 42

Totaler Krieg - ganz radikal!

Alle Kräfte für die Rettung Deutschlands und der Zivilisation

Kundgebung des fanatischen Willens

Dr. Goebbels im Sportpalast – Mit letztem Einsatz gegen die Gefahr im Osten

Zu einer mitreißenden, machtvollen Kundgebung entschlossenen Kampfeswillens und höchster Einsatzbereitschaft wurde die große Volkskundgebung, in der Reichsminister Dr. Goebbels am Donnerstagnachmittag im Berliner Sportpalast zu den Männern und Frauen der Reichshauptstadt und zugleich zum ganzen deutschen Volk sprach. Wie so oft in entscheidungsschwerer Zeit, waren mit den führenden Männern aus Partei, Staat und Wehrmacht, Reichs- und Gauleitern, Reichsministern und Generalen die Rüstungsarbeiter und Rüstungsarbeiterinnen mit ihren Werkführern, Männer der Wirtschaft und der Wissenschaft an der alten nationalsozialistischen Kundgebungsstätte Berlins versammelt, um aus dem Munde Dr. Goebbels' Weg und Ziel des deutschen Schicksalskampfes aufgezeigt zu erhalten. Kämpfer der Ostfront, verwundete Soldaten, Ritterkreuzträger hatten in den ersten Reihen Ehrenplätze.

Der Geist der Kampfzeit ist wach an dieser Stätte, die so manche große Volkskundgebung sah. Heute gibt die geschichtliche Bedeutung der Stunde den Menschen hier das Gepräge. [illegible] erlebte [illegible] erhebenden Kundgebungen des Nationalsozialismus wahrlich nicht arme Kundgebungsstätte der Reichshauptstadt eine Willensäußerung von solch überströmender Kraft und Hingabe. Zwar ist es das altgewohnte Bild: dicht besetzt selbst die Ränge und Treppen. Kampf- und Soldatenlieder erfüllen den Raum. Mahnend steht als einziges Leitwort in großen Buchstaben, allen sichtbar, den Sinn der Stunde verdeutlichend, der aufrüttelnde Ruf: „Totaler Krieg – kürzester Krieg!"

Mit herzlichen Heilrufen wurde der Vertreter des verbündeten Italiens, Botschafter Alfieri, Mitglied des Faschistischen Großrates, empfangen, als er an der Spitze einer starken Gruppe von Faschisten im Schwarzhemd die Kundgebungshalle betrat. Sein erster Gruß galt den Verwundeten. Bald darauf erschien auch Dr. Goebbels, begleitet von Dr. Ley und Reichsminister Speer. Stürmisch begrüßt ihn die Versammlung. Kurze Einleitungsworte sprach der stellvertretende Gauleiter Görlitzer. Dann begann Dr. Goebbels, immer wieder von lebhaften Zustimmungskundgebungen unterbrochen, seine Rede.

zwölf. Ein weiteres Zögern hätte leicht zur Vernichtung des Reiches und zur vollkommenen Bolschewisierung des europäischen Kontinents geführt.

Es ist verständlich, daß wir bei den großangelegten Tarnungs- und Bluffmanövern des bolschewistischen Regimes das Kriegspotential der Sowjetunion nicht richtig eingeschätzt haben. Erst jetzt offenbart es sich uns in seiner ganzen wilden Größe. Dementsprechend ist auch der Kampf, den unsere Soldaten im Osten zu bestehen haben, über alle menschlichen Vorstellungen hinaus hart, schwer und gefährlich. Er erfordert die Aufbietung unserer ganzen nationalen Kraft. Würden wir in diesem Kampf versagen, so verspielten wir damit überhaupt unsere geschichtliche Mission.

Drei Thesen

Ich wende mich in meinen Ausführungen zuerst an die Weltöffentlichkeit und proklamiere ihr gegenüber drei Thesen unseres Kampfes gegen die bolschewistische Gefahr im Osten.

Die erste dieser Thesen lautet: Wäre die deutsche Wehrmacht nicht in der Lage, die Gefahr aus dem Osten zu brechen, so wäre damit das Reich und in kurzer Folge ganz Europa dem Bolschewismus verfallen.

Die zweite dieser Thesen lautet: Die deutsche Wehrmacht und das deutsche Volk allein besitzen mit ihren Verbündeten die Kraft, eine grundlegende Rettung Europas aus dieser Bedrohung durchzuführen.

Die dritte dieser Thesen lautet: Gefahr ist im Verzuge. Es muß [illegible] …ndlich behandelt werden, sonst ist es [illegible]

Zur ersten These habe ich im einzelnen zu bemerken: Der [illegible]

Der flammende Appell des Ministers

108 Das neue Bibliotheksgebäude Unter den Linden mit Friedrichsdenkmal (Aufnahme 1914).

109 Aufmarsch zum 1. Mai 1934

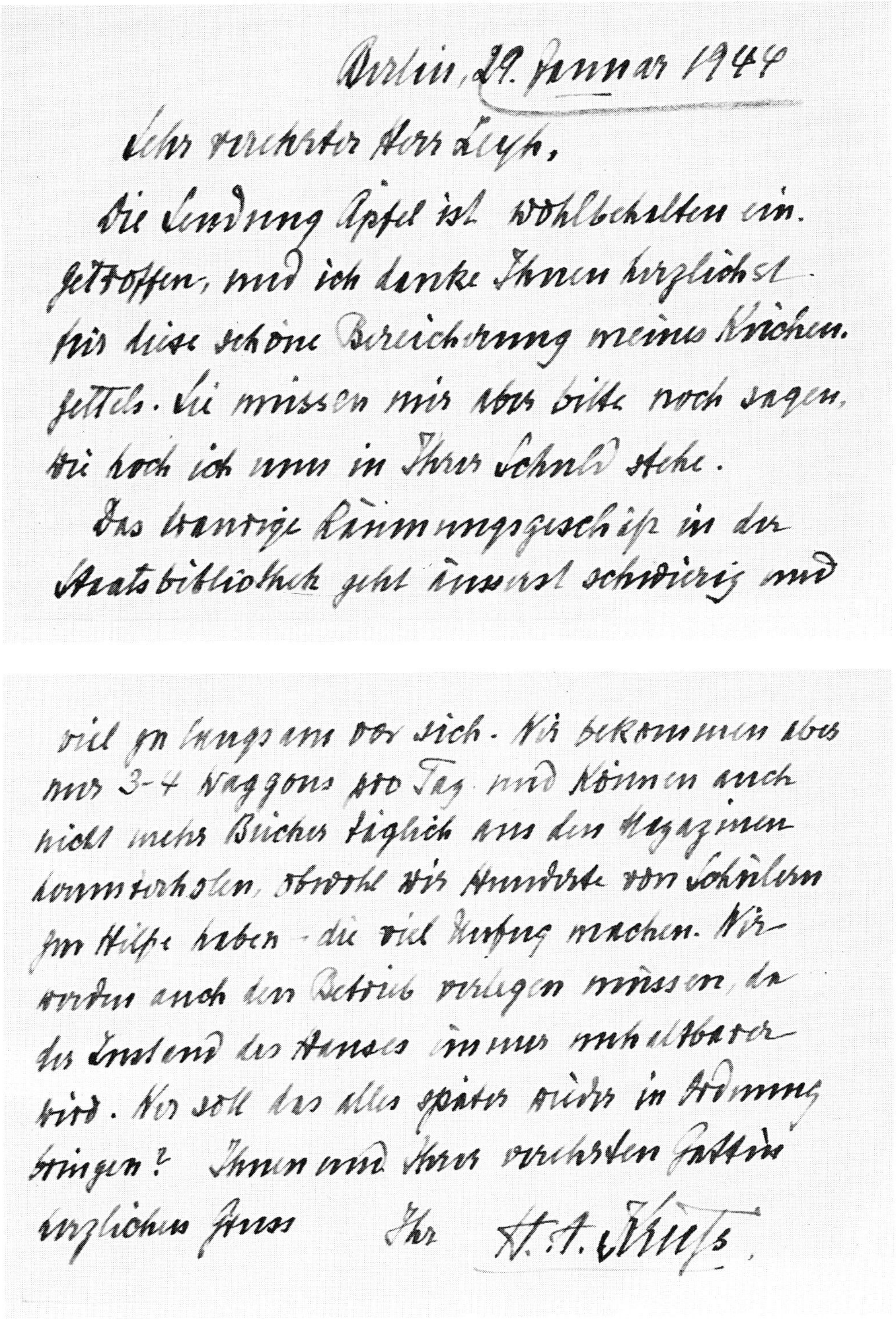
Berlin, 29. Januar 1944

Sehr verehrter Herr Leyh,

Die Sendung Äpfel ist wohlbehalten eingetroffen, und ich danke Ihnen herzlichst für diese schöne Bereicherung meines Küchenzettels. Sie müssen mir aber bitte noch sagen, wie hoch ich nun in Ihrer Schuld stehe.

Das traurige Räumungsgeschäft in der Staatsbibliothek geht äusserst schwierig und viel zu langsam vor sich. Wir bekommen aber nur 3-4 Waggons pro Tag und können auch nicht mehr Bücher täglich aus den Magazinen herunterholen, obwohl wir Hunderte von Schülern zur Hilfe haben - die viel Unfug machen. Wir werden auch den Betrieb verlegen müssen, da der Zustand des Hauses immer unhaltbarer wird. Wer soll das alles später wieder in Ordnung bringen? Ihnen und Ihrer verehrten Gattin herzlichen Gruss Ihr H. A. Krüss.

110 Briefkarte des Generaldirektors Krüß an Georg Leyh vom 29. Januar 1944

111 Unter den Linden bei Regen (Foto um 1900). Rechts neben dem Friedrichsdenkmal das 1903 abgerissene alte Akademiegebäude. Es hatte dem Neubau der Bibliothek Platz zu machen. Bei schönem Wetter flanierte das wohlhabende Bürgertum der Stadt gern »unter dem (Pferde-)Schwanz« des Reiterstandbildes.

Daten zur Baugeschichte des »Akademieviertels«

1687–88	Errichtung des Kurfürstlichen Marstalls (Abb. 72) auf dem südlichen Teil nach Plänen von Johann Arnold Nering
Seit 1696	Aufstockung des Gebäudes zur Aufnahme der Akademie der Künste und Erweiterung bis zur »Letzten Straße«, späteren Dorotheenstraße, für die Akademie der Wissenschaften, die Sternwarte und andere Institute
1743	Das Vordergebäude brennt ab
1748–49	Neubau durch Boumann d. Ä. (Abb. 73); das Obergeschoß erhalten die Akademien der Wissenschaften und der Künste, das Erdgeschoß beherbergt Institute und die Stallungen
Seit 1786	Regelmäßige Kunstausstellungen im Obergeschoß
Seit 1816	Neuerliche Um- und Ausbauten für die Aufnahme wissenschaftlicher Sammlungen
Nach 1820	Schinkel trägt sich mit dem Gedanken, das Gebäude zu einem akademischen Zentralinstitut (einschließlich Singakademie) auszubauen

1856	Pertz (Abb. 75) bringt das Akademieviertel zum ersten Mal für einen Bibliotheksneubau ins Gespräch
Seit 1873	Lepsius (Abb. 77) greift diese Pläne energisch auf
Seit 1886	Wilmanns (Abb. 84) sichert diesen Bauplatz gegen vielfachen Widerstand
Bis 1900	Auszug der Garde du Corps und der Akademie der Künste (diese erhält das Arnimsche Palais am Pariser Platz)
Jan. 1902	Erster Bibliotheksentwurf durch den Hofarchitekten Ernst v. Ihne
2. Sept. 1903	Erster Spatenstich zum Neubau, der die Königliche Bibliothek, die Königliche Akademie der Wissenschaften und die Universitätsbibliothek aufnehmen wird.

112 Das Akademieviertel aus der Vogelperspektive 1929.

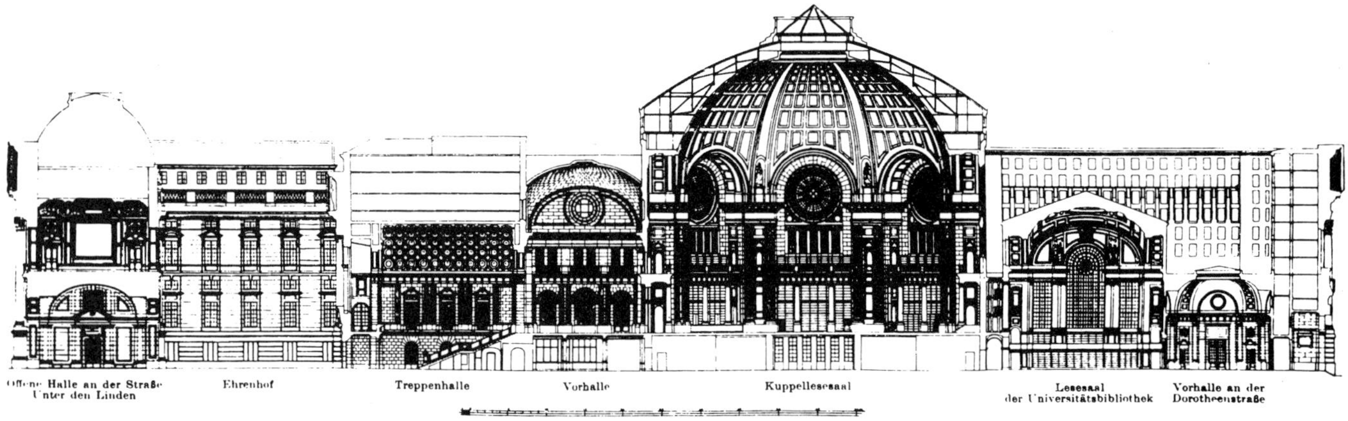

113 Südnordlängsschnitt durch den gesamten Gebäudekomplex 1914

Sowohl die Luftaufnahme wie vor allem der Schnitt durch die Mitte des 170 m langen Gebäudes lassen die beherrschende Südnord-Achse des nahezu 18 000 m² großen Areals hervortreten. Sie reicht von der Eingangshalle Unter den Linden über den Ehrenhof, die breite Treppenhalle mit Vorhalle zum Großen Lesesaal der Königlichen bzw. Staatsbibliothek, um dann über den Lesesaal der Universitätsbibliothek zur Dorotheenstraße hin abzufallen. Alle umgebenden Gebäude ordnen sich dieser Mächtigkeit unter.

Zum Vergleich: Drei Bauten der Zeit

Die Längsschnitte der beiden Kuppelbauten – sowohl der Zweckbau für die größte Bibliothek der Welt wie das Gotteshaus mit seinen übersteigerten Dimensionen – scheinen gleichermaßen den großräumigen, barockisierenden Stil der Zeit zu verkörpern.
Zu diesen aufwendigen Palastbauten bildet Halle das genaue Gegenbeispiel einer konsequent durchgeführten modernen Magazinbibliothek. Die oberen Geschosse (Höhe 2,30 m) sind ausschließlich, die unteren teilweise Büchermagazin. Die hier außerdem untergebrachten weiteren Dienststellen der Bibliothek (Verwaltung, Benutzung, Sondersammlungen) heben sich in diesem nüchternen Zweckmäßigkeitsbau architektonisch nicht eigens ab.

114 Library of Congress, Washington (1888–97); Längsschnitt (vgl. auch Abb. 133).

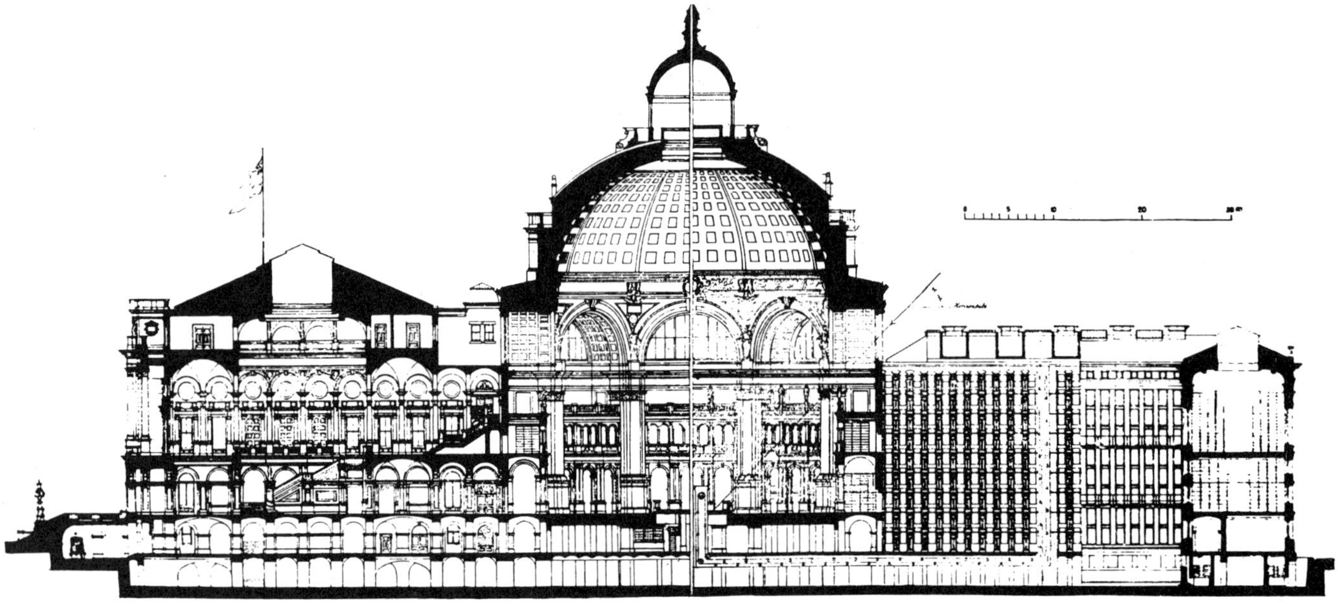

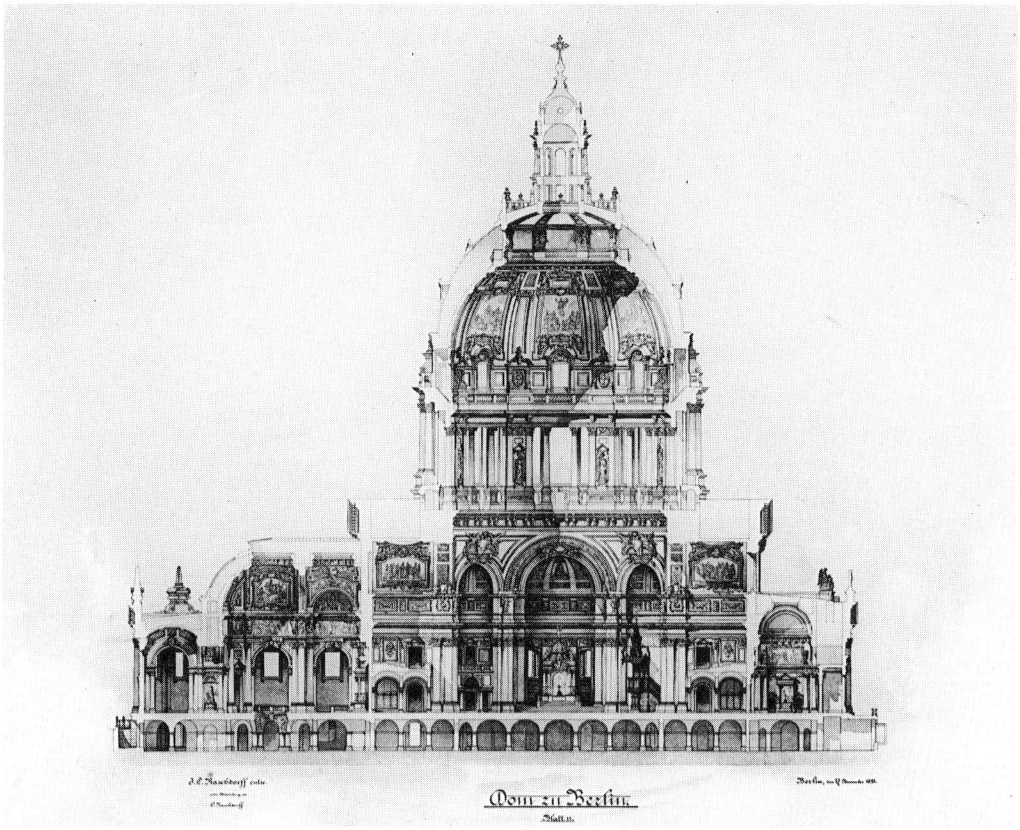

115 Berliner Dom (Julius Raschdorff, 1894–1905); Längsschnitt (vgl. auch Abb. 130).

116 Universitätsbibliothek Halle (Ludwig von Tiedemann, 1878–1870)

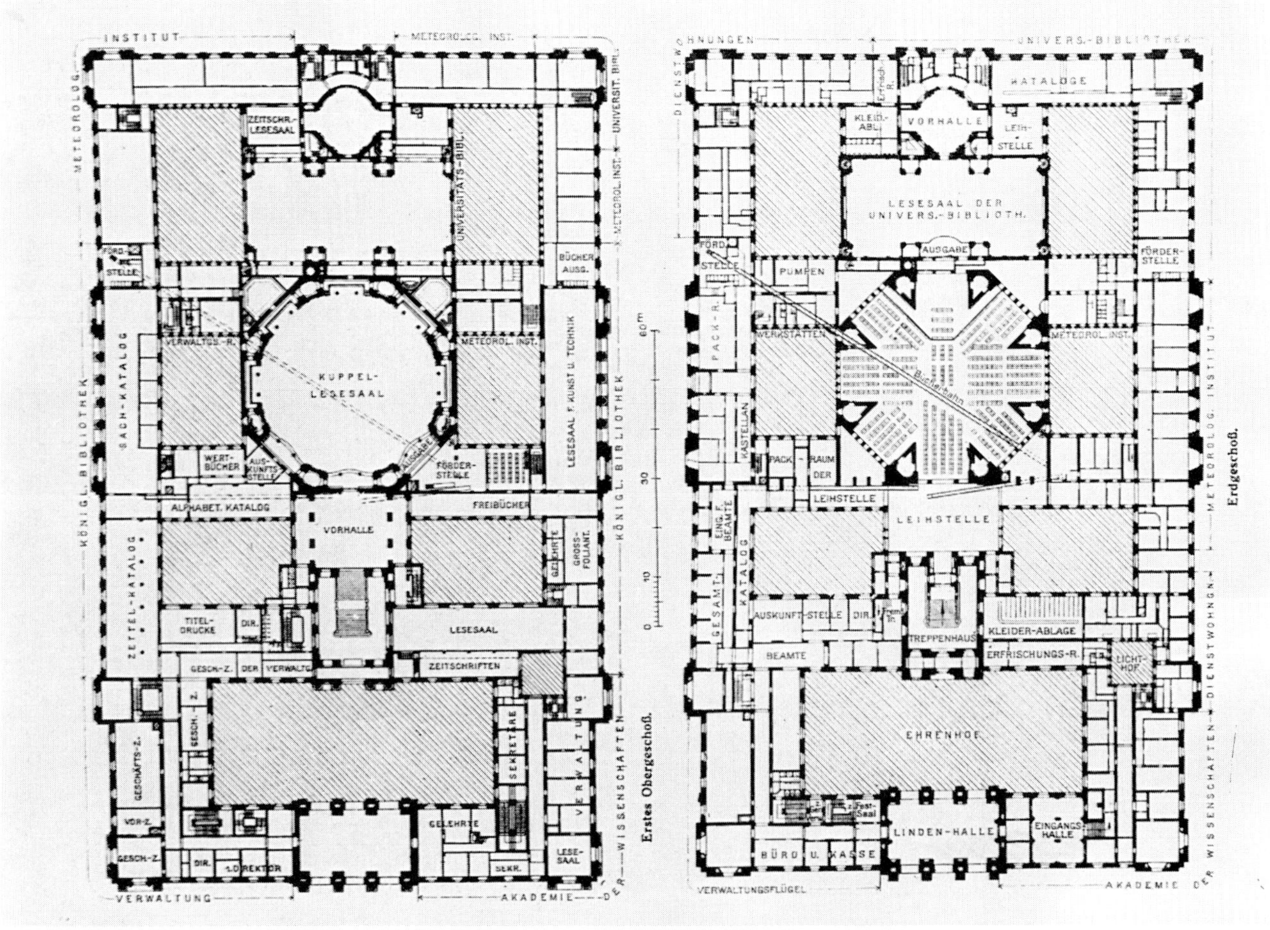

117 Zwei Grundrisse des Neubaus (1914). Im Süden (unten) die Lindenfront; die östliche Hälfte beherbergt die Akademie der Wissenschaften. Den gesamten nördlichen Straßenflügel an der Dorotheenstraße (oben) nimmt die Universitätsbibliothek ein, die ihre endgültigen Räume freilich erst 1922 bezieht. Darunter beherrschend der raumfüllende achteckige Große Lesesaal. Die acht Innenhöfe sind schraffiert gezeichnet.
Der erste Spatenstich für das 106 × 170 m große Gebäude erfolgte am 2. September (Sedanstag) 1903. Der für die Aufnahme von 5 Millionen Büchern gedachte Bau hat 14,25 Millionen Mark gekostet. Schwenke nennt ihn den größten Bibliotheksbau der Welt (vgl. auch S. 27–29).

119 Neujahrsglückwunsch Paul Schwenkes an Fritz Milkau (30. Dezember 1913).

Aus dem Text: »... sehen wir uns hoffentlich, wenn die Bauleute Recht behalten, zum 22. März. Aber noch sieht alles sehr wüst aus, wenn auch mit Hochdruck gearbeitet wird.«

118 Die Lesesaalkuppel im Bau. Die Leitung des Neubaus hat der Geh. Baurat Anton Adams (gest. 1915) in der Hand – ein Mann »von außerordentlichem, in der ganzen Bauwelt anerkannten technischen Können, einer erfindungsreichen, nie in Verlegenheit zu bringenden Gestaltungskraft und einem lebhaften Verantwortlichkeitsgefühl«; er hatte »jeden Winkel des Baus im Kopfe« (P. Schwenke).

Die Konstruktion der Kassettenkuppel mit 64 je »18 m langen fertigen Rippen aus Kunstkalkstein mit Eiseneinlagen« beschreibt Adams wie folgt: »Die Rippen wurden vorher unten in Saalfußbodenhöhe hergestellt, dann hochgezogen und ohne Lehrgerüst versetzt. Sie stützten sich bis zum Einstampfen des Scheitelringes auf die Widerlager der Umfassungswand und auf eine im Mittelpunkt des Saales aufgestellte Rüstung. Die Zeit der Ausführung dieser Kuppel betrug wenig mehr als zwei Monate.«

E. Nixdorf, Auguststr. 5

Herrn Geh. Reg.-Rat Dr. Milkau

Breslau

Neue Sandstr.

Auf Allerhöchsten Befehl Seiner Majestät des Kaisers und Königs

findet am Sonntag, dem 22. März 1914, vormittags ½12 Uhr, die Einweihung des Neubaus für die Königliche Akademie der Wissenschaften und die Königliche Bibliothek in Berlin statt.

Herrn Bibliothekar Dr. Leyh

beehrt sich zur Teilnahme an dieser Feier ergebenst einzuladen und um baldgefällige Zusage zu bitten

Der Minister der geistlichen und Unterrichtsangelegenheiten

120 Der Festakt am 22. März 1914. Einladung, Einlaßkarte, Kleiderordnung, Programmfolge und Sitzordnung.

Einlaßkarte

D Reihe

zu der auf Allerhöchsten Befehl Seiner Majestät des Kaisers und Königs am Sonntag, dem 22. März 1914, vormittags 11½ Uhr, stattfindenden Einweihung des Neubaus für die Königliche Akademie der Wissenschaften und die Königliche Bibliothek in Berlin.

Für Herrn Bibliothekar Herrn Dr. Leyh

Mit Rücksicht auf das Erscheinen Seiner Majestät des Kaisers und Königs wird dringend ersucht, die Plätze spätestens bis 11¼ Uhr einzunehmen.

Wegen rechtzeitiger Zuweisung der Plätze wolle man sich an die Festordner (weiße Abzeichen) wenden.

Anzug für Herren vom Militär: Paradeanzug.
Anzug für Herren vom Zivil:
Gala mit dunklem Beinkleid bzw. Talar oder Frack mit weißer Binde (Minister: 2. gestickte Uniform).

Anfahrt an der Lindenfront.
Wagenkarte liegt bei.

Es wird gebeten, im Falle der Behinderung die Karte an das Zentralbureau des Kultusministeriums zurückzusenden.

PROGRAMM.

Motette.

Ansprache Seiner Majestät des Kaisers und Königs.

Reden
des Ministers der geistlichen und Unterrichtsangelegenheiten;
des vorsitzenden Sekretars der Akademie der Wissenschaften, Geheimen Oberregierungsrats Professors Dr. Diels;
des Generaldirektors der Königlichen Bibliothek, Wirklichen Geheimen Rats Professors Dr. Harnack.

Domchor: Salvum fac regem.

Bläserchor.

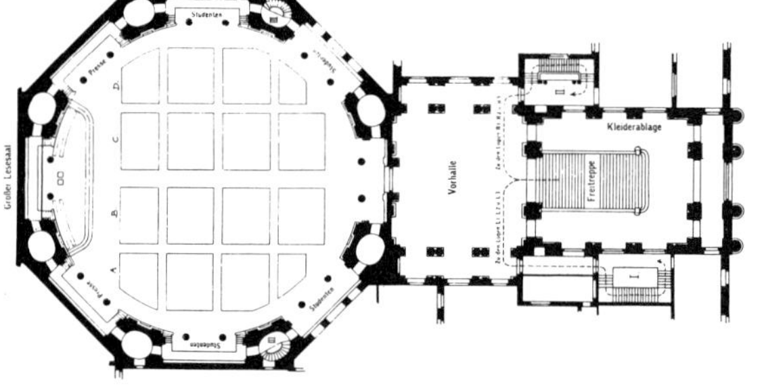

121 Blick auf die Prominenz während der Einweihung im späteren Lesesaal der Bibliothek (Zeichnung von Felix Schwormstädt).

Adolf von Harnack am Rednerpult. Rechts von ihm: Kronprinz Wilhelm, Prinzessin Maria von Rumänien, Kaiser Wilhelm II., Kronprinzessin Cecilie, Thronfolger Ferdinand von Rumänien, Prinzessin August Wilhelm v. Preußen, Prinz August Wilhelm, Prinz Carl von Rumänien, Erbprinz Friedrich Viktor von Hohenzollern. In der ersten Reihe der Gäste u.a. Großadmiral v. Tirpitz, Kultusminister v. Trott zu Solz, Reichskanzler v. Bethmann Hollweg.

Nicht ohne Grund also nennt Emil Jacobs rückblickend diese »Weihe des Hauses... das letzte Fest großen höfischen Prunkes der Preußischen Monarchie.«

8 Uhr Bier-Abendblatt

Erscheint nur einmal in dieser Zeitlichkeit am 23. März 1914 hujus.

Extra-Ausgabe
zur Feier der Einweichung der Königlichen Bibliothek.

Einblattdruck aus dem 20. Jahrhundert. Sehr selten!

Der verantwortliche Redakteur ist schon längere Zeit tot. — Wer sich also irgendwie getroffen fühlen sollte, tue es lieber nicht, denn er bestraft sich selbst.

Politik.

Von unserem Spezialberichterstatter.

Durazzo, den 22. März 1914.

Der König von Albanien hatte die Architekturmalerin Grete Waldau beauftragt, einen der mit Verblendsteinen gemauerten Höfe des Neubaus der Königlichen Bibliothek für das Königliche Schloß zu Durazzo zu malen. Er war beim Anblick des Gemäldes derartig verblendet, daß er Grete Waldau stehenden Fußes zur Hofmalerin ernannte.

Archeológie.

Für die Kenntnis der Baukunst der biblischen Zeit ist eine kunstkritische Studie des persischen Hof-Architekten En-hi von epochaler Bedeutung. Er weist nach, daß das von zwei Säulen getragene Kuppelgewölbe des Philisterkönigs, welches Simson durch statisch unbestimmte Schubkräfte zerstörte, durchaus anders konstruiert gewesen sein muß wie der Kuppellesesaal der Königlichen Bibliothek. En-hi begründet seine Ansicht folgendermaßen: Selbst wenn bei letztgenanntem Bauwerk acht Simsöne gleichzeitig die 8 Säulenpaare auseinanderdrückten, würde der Kuppel nichts weiter passieren, da die Säulen nur aufgehängt sind! Diese stupende Beweisführung ist geeignet, Licht in die Nacht der baulichen Probleme der Bibel zu werfen.

Neue Besucherordnung für die Königliche Bibliothek.

§ 1.

Jeder Besucher ist befugt, zum Betreten des Gebäudes eines der drei Portale der Vorhalle an der Straße Unter den Linden zu wählen. Gewissenszweifel innerlich zerrissener Naturen über die Wahl des Einganges werden von dem daselbst aufgestellten Schutzmann ebenso entschieden wie energisch und bestimmt ausgeglichen.

§ 2.

In der Vorhalle erhält jeder Besucher 1 Handtuch und 1 Stück Seife aus einem vom Verein für Körperkultur zur Verfügung gestellten Fonds.

§ 3.

Ausländer aus den Balkanländern, Grönland und Feuerland erhalten zwei Stück Seife.

§ 4.

Die Benutzung des im Ehrenhof belegenen ovalen Schwimmbades ist obligatorisch.

§ 5.

Zur Orientierung in der Treppenhaushalle hat jeder Besucher eine Laterne mitzubringen.

§ 6.

Die Benutzung der Rollbänder zur Beförderung von Frühstück ist gegen einen jährlichen Zuschlag zur Leihgebühr von 25 Pfennigen gestattet.

§ 7.

Auf besonderen Wunsch erfolgt die Förderung der Bücher auf den Rollbahnen mit Musikbegleitung.

§ 8.

Die im Erfrischungsraum lagernden Bestände an Naturalien werden nicht ausgeliehen.

§ 9.

Jeder Besucher der Königlichen Bibliothek kann auf Wunsch kostenlos an die Vakuumeinrichtung angeschlossen werden. Für die Folgen des Verfahrens ist die Bibliotheksverwaltung nicht haftbar.

§ 10.

Das Halten von Privatkühen auf Rasenflächen des Ehrenhofes ist verboten, da letztere zu Sonnenbädern für das lesende Publikum reserviert bleiben.

o **Das Deckengemälde im Festsaal der Akademie der Wissenschaften** stellt das Wappen dieser Körperschaft dar, einen Adler, der zum Sternbild des großen Bären fliegt, mit der Inschrift: „Cognata ad sidera tendit“. Der Maler des Bildes, der die Lateinschule bis zur Oberquinta einschließlich absolviert hatte, schrieb aber auf das Spruchband „Cognaca ad sidera tendit“, und meinte mit Recht, daß ein wirklich verständiger Adler sich nur etwas aus gutem Kognak mit mindestens drei Sternen macht.

† **Eine überaus merkwürdige gastronomische Monomanie ist in Dahlem in der Familie eines höheren Baubeamten beobachtet worden. Derselbe ernährt sich seit Monaten ausschließlich von Rippespeer und Hammelrippen und verweigert jede andere Nahrung. Hervorragende Mediziner befürchten eine Hypertrophie der Rippen des allgemein geschätzten Beamten. Bis jetzt haben sich jedoch Schäden an seinen Rippen nicht nachweisen lassen.**

Drahtloses Telegramm.

Berlin, den 22. März 1914.

Von hoher Stelle (Kuppeldach der Königlichen Bibliothek) ist bestimmt worden, daß die Königliche Bibliothek die Inschrift: Nutrimentum spiritus novum erhalten soll.

Eigener Bericht.

Berlin, den 22. März 1914.

☐ Der Herr Staatssekretär des Reichskolonialamtes hat an die Generalverwaltung der Königlichen Bibliothek ein Schreiben gerichtet, in welchem er um Belassung einiger Höfe des neuen Gebäudes zur Anlage einer Straußenfarm bittet. Grundsätzliche Bedenken werden voraussichtlich nicht erhoben werden.

Berlin, den 22. März 1914.

Heute erst konnte mit der Befestigung der Antenne der drahtlosen Telegraphie an der Kuppel der Königlichen Bibliothek begonnen werden. Die Antenne hängt über den jetzt für die Universitätsbibliothek frei gewordenen Räumen. Es ist dadurch erreicht, daß die elektrischen Wellen nunmehr durch die ebenfalls parallellaufenden meist drahtlosen Studenten verstärkt werden.

Aus 1001 Nacht.

675 te Nacht.

Scheherſad fuhr fort zu erzählen: „Der Beherrscher der Gläubigen, Harun al Raschid II. (Gott gebe ihm langes Leben), ließ in Basra am Tigris zwei Brüdern ein schönes Haus bauen an der Straße, an welcher er täglich vorüber kam. Der eine Bruder hieß Akdewi und der andere Köbi. Als nun das Haus beinahe fertig war, da entbrannte ein Streit zwischen den Brüdern, wessen Name an den Giebel des Hauses geschrieben werden sollte. Köbi sagte: „Du Schelm, mein Gewölbe ist viel größer als deines; denn meine Waren sind unendlich und meine Sklaven sind über 200. Mein Name gehört an die Straße.“ Akdewi aber sagte: „Du Schalk, siehe, ich wohnte schon auf diesem Platze, ehe dieses Haus errichtet war; mein Name verdient daher, am Giebel zu prangen.“ Da beschlossen sie, daß ein jeder auf demjenigen Flügel des Hauses, hinter welchem er schlief, seinen Namen eingraben und daß der Mittelgiebel freibleiben sollte. En-hi aber, der Baumeister des Beherrschers der Gläubigen, tadelte dieses und sagte: „Auf meinen Kopf und mein Auge! Schreibt beide eure Namen über die ganze Breite des Hauses.“ Weil nun Köbi und Akdewi den Baumeister fürchteten, da er das Ohr Haruns, Allah gebe ihm Ruhm, besaß, gaben sie nach; da sie sich aber auch fürchteten, daß das Volk über die erzwungene Einigung lachen würde, beschlossen sie, die Inschrift in einer Sprache zu schreiben, die nur wenige Vornehme im Lande kümmerlich verstanden. Sie beauftragten daher den größten Schriftgelehrten im Lande, den Scheich Haranaki, den Allah segnen möge, die Inschrift in der Sprache des Landes Rûmi zu verfassen. In der ersten Nacht des Ramadan schrieb jener die Inschrift auf Pergament so schwer, daß er sie selbst nur mit Mühe verstand. Es waren Worte dabei nach seltener und köstlicher wie cucumis, die Gurke und cingiber, der Ingwer; eines aber hieß „stornendae“. Als dies am anderen Morgen der Obermufti, der Vater des Unterrichts und aller Geistlichen, vernahm, lachte er so heftig, daß er sich schüttelte. Der Baumeister En-hi aber ließ den Aufseher der Bauten Smada kommen und hieß ihn die Inschrift in goldenen Buchstaben am Hause anbringen. Jener aber sprach: „Friede sei mit Dir! Die goldenen Buchstaben kosten 10000 Denare; ich besorge, daß der Schatzmeister des Beherrschers der Gläubigen, dem Allah langes Leben verleihe, das Geld dafür nicht hergeben wird.“ Darauf ging der Baumeister En-hi in den Palast des Beherrschers der Gläubigen, Preis sei ihm, küßte die Erde, wünschte ihm Glück und Ruhm und sprach: Da bemerkte Scheherſad den Tag und schwieg. Der König beschloß, sie noch am Leben zu lassen, da er darauf brannte, das Märchen zu Ende zu hören.

Anmerkung der Redaktion: Wir auch!

123 *8 Uhr Bier-Abendblatt. Extra-Ausgabe zur Feier der Einweichung der Königlichen Bibliothek.* In der 675. von »1001 Nacht« treten in verschlüsselter Form auf: die Akademie der Wissenschaften und die Königliche Bibliothek, der »Baumeister des Beherrschers der Gläubigen« Ihne, der »größte Schriftgelehrte im Lande« Harnack und der »Aufseher der Bauten« Adams.
»Das Lied von der Eva« spielt an auf die Lesesaalkuppel mit ihren 64 Rippen des Baumeisters Adams, deren jede 18 m lang und 70 Zentner schwer ist (s. Abb. 118).

Astronomie.

Bericht der Potsdamer Sternwarte:

Der Sternhimmel im März und der Neubau der Königlichen Bibliothek stehen unter dem Zeichen des Wassermann.

Das Insektarium soll aus dem Neubau des Aquariums entfernt und dem Neubau der Königlichen Bibliothek angegliedert werden; man glaubt, daß sich die Luft im neuen Heim besonders für die Züchtung fetter Bücherwürmer eignet.

Archeologische Entdeckung.

Der große Kuppelsaal der Caracallathermen in Rom, dessen gewaltigen Dimensionen selbst im ruinösen Zustande dem Beschauer imponieren, war ursprünglich als Caldarium oder Schwimmbassin gedacht. Dies ist zur Evidenz durch die Stellung der acht in den Nischen der Kuppelrippen stehenden Kolossalfiguren bewiesen, die der Bildhauer im Moment des Abspringens vom Sprungbrett künstlerisch gepackt hat. Der römische Bildhauer hat mit grandiosem Stilgefühl und eminentem Können das zum Sprung gespannte Muskelspiel und die Angst vor dem kalten Wasser lebenswahr verkörpert. Er gehörte zu der bedeutenden Schule des Spaskop.

Unfälle.

Leider hat der Bau der Königlichen Bibliothek, bei dessen Errichtung in zehn Jahren kein tödlicher Unfall vorgekommen ist, noch nach seiner Fertigstellung ein Opfer gefordert. Ein Bibliothekar wurde bedauerlicherweise schwermütig, weil er das Klopfen und Hämmern der Bauarbeiter nicht mehr hörte. Die Bauverwaltung geht mit dem Gedanken um, einen Maurer im Tagelohn dauernd mit geräuschvollen Arbeiten zu beschäftigen und hofft, den geschätzten Beamten dadurch wieder gesund und vergnügt zu machen.

Chemie.

Für die Verschmelzung der alten Musiksammlung mit der deutschen Musiksammlung ist von unserem Redaktionschemiker folgender Vorschlag gemacht worden: Von Alt-mann und Kopfer-mann wird das „mann" entfernt. Die übrigbleibenden Elemente Alt und Kopfer verbinden sich zu altem Kopfer und werden eingeschmolzen.

Lokales.

(*) Im Hinblick auf die Säulenpaare im großen Lesesaal der Königlichen Bibliothek wird im Erfrischungsraum als Stammessen täglich Spinat mit Ei verausgabt.

Letzte Nachrichten.

□ Der Kunstkritiker Stahl wurde vorgestern in trostlosem Zustande, mit schweren Brandwunden bedeckt, aufgefunden. Es stellte sich heraus, daß er sein Licht unter den Scheffler gestellt hat. An seinem Aufkommen wird nicht gezweifelt.

Humor des Inlandes.

Vor vielen grauen Jahren wurde im Neubau der Königlichen Bibliothek eine Bronzegruppe von Eberlein abgeladen. Der König aller Maurerpoliere, Herr Krüger, fragte den Baumei[illegible] Gruppe vorstellte, worauf der letztere [illegible] Vater, der Adam den Odem einbläs[illegible]er Polier, „den Regierungsrat? der muß ic mir anseyn!"

Neue Berufskrankheiten.

Bei den Bibliothekaren und Architekten, welche viel Zementstaub auf dem Neubau der Königlichen Bibliothek schlucken mußten, ist eine neue Krankheit aufgetreten. Sie ist der Arterienverkalkung verwandt, tritt aber viel harmloser auf, und hat von den Forschern den Namen Arterienverzementierung erhalten. Man sieht hieraus, wie neue Baustoffe neue Leiden erzeugen. Ja, bei einem Architekten haben sich bereits in den Hohlvenen in Zement eingebettete Eisenablagerungen in Form von Rundeisen gezeigt, die erkennen lassen, daß das Leiden allmählich in Arterienverbetonnierung oder besser Arteriobetonnage ausartet. Professor Ehrlich und Behring haben auf dem Wege des Tierversuchs ein Serum herausgebracht, dem sie eine große Wirksamkeit prophezeien. Parallellaufend hat die Praxis, angeregt durch Exzellenz von Harnack, einen geradezu idealen Weg eingeschlagen, der Krankheit zu Leibe zu rücken. Durch intensive und wiederholte Anwendung eines Cerevisia genannten Mittels gelingt es Exzellenz von Harnack, den Zement aus der Speiseröhre zu spülen, ja sogar das in den Adern abgelagerte Rundeisen aufzulösen. Der zu diesem Zweck von ihm ins Leben gerufene Bierabend wirkt bereits Wunder. Im Interesse der leidenden Mitmenschen hat dem Vernehmen nach Exzellenz von Harnack beschlossen, die Institution des Bierabends zu einer dauernden, periodisch wiederkehrenden auszubauen.

Das Lied von der Eva.

Von * * *

Mel.: Als Noah aus dem Kasten kam.

Wie Eva einst erschaffen war,
Ist jedem ohne weitres klar;
Sie wurde, eh' sie es gedacht,
Aus einer Rippe schnell gemacht,
Die, ohne daß es wen geniert,
Dem alten Adam exstirpiert.

Da's g'rad' 'ne falsche Rippe war,
Wird uns natürlich manches klar.
Hier finden wir die erste Spur
Der Falschheit in der Weibsnatur.
Wär's eine echte Ripp', gewiß
Erfolgte nie der Apfelbiß.

Doch heut' nach fünfhalbtausend Jahr'
Die Eva neu geboren war,
Die, so unglaublich es auch klingt,
Als Ripp' aus einem Kopf entspringt:
Aus Adams Kopf sprang sie heraus
Wie Pallas aus dem Kopf des Zeus.

Das ist fürwahr ein Riesenweib,
An siebzig Zentner wiegt ihr Leib,
Und achtzehn Meter ist sie lang,
Und wenn trotzdem die Taille schlank,
So liegt's daran, daß sie sich ziert
Und sich mit Eisen stark geschnürt.

Kaum hat der Vater sie im Haus,
Zog er den alten Adam aus
(Der, wie's im schönen Liede heißt,
Nur sieben Söhne hat zumeist)
Und schuf, als wäre nichts dabei,
Noch Evas sechzig Stück und drei.

Doch Anstand und Moralität
Bei so viel Mädchen flöten geht,
Bei denen schon der Anblick zeigt,
Daß sie zu allem leicht geneigt,
Und zu den Reizen des Gesichts
Gesellen die des Oberlichts.

Wie nah' muß dies 'nem Vater geh'n,
So etwas täglich anzuseh'n,
Wenn Kinder, die man selbst gebor'n,
Der Tugend schmalen Pfad verlor'n;
Was hilft des Vaters Schmerzensschrei
Den Opfern schwerer Kuppelei!

Da endlich seine Langmut reißt,
Und zornig er sie von sich weist:
„Hab's lang' genug mit angeseh'n,
Auf eignen Füßen müßt ihr steh'n,
Von heute ab, bei meinem Wort,
Fällt jede Unterstützung fort!"

Das weckt der Reue Allgewalt.
Sie suchen aneinander Halt
Und bilden eine feste Wehr
Zu ihrer und des Vaters Ehr',
Und Adams stolzes Männerherz
Schlägt wieder fröhlich rippenwärts!

DER GENERALDIREKTOR DER KÖNIGLICHEN BIBLIOTHEK
beehrt sich zur Feier der Einweihung des neuen Bibliotheksgebäudes

Herrn Bibliothekar Dr. G. Leyh

auf Montag, den 23. März, 8 Uhr, zu einem Bierabend im Landesausstellungspark ergebenst einzuladen. *(Eingang Alt-Moabit 4–10.)*

Ende 1 Uhr.

122 Einladungsschreiben zum Bierabend am 23. März 1914

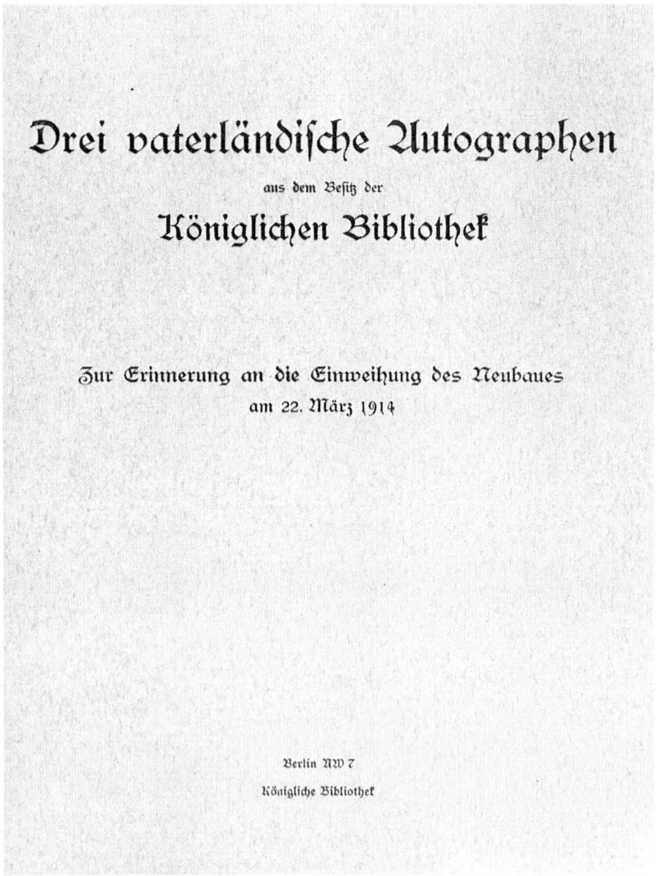

Drei vaterländische Autographen

aus dem Besitz der

Königlichen Bibliothek

Zur Erinnerung an die Einweihung des Neubaues
am 22. März 1914

Berlin NW 7
Königliche Bibliothek

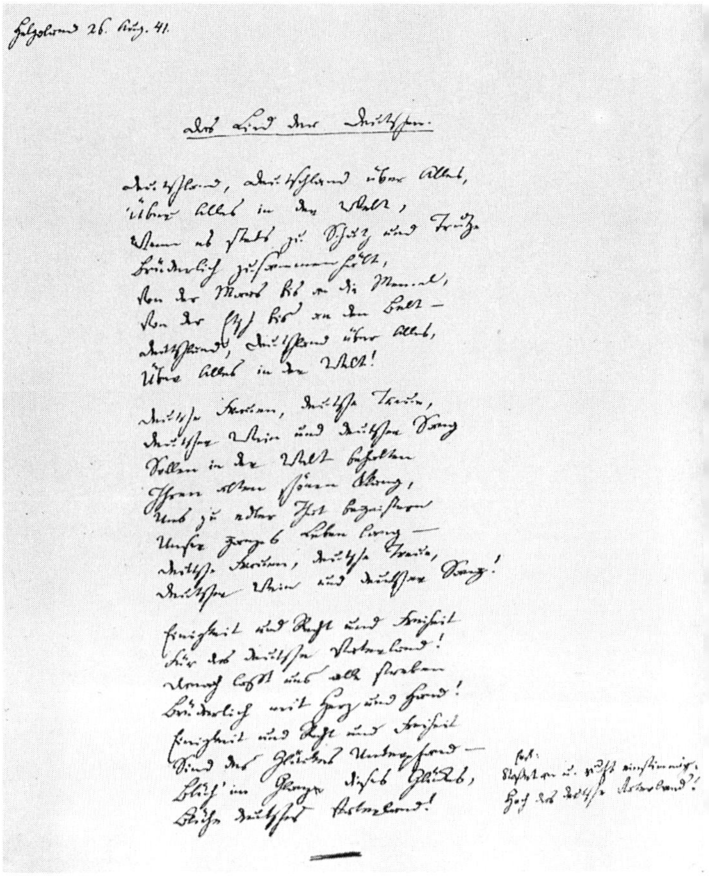

124/125 *»Drei vaterländische Autographen«*. Die kleine Festgabe enthält die Faksimilia der Niederschriften von:

1) Heinrich Hoffmann von Fallersleben, Das Lied der Deutschen (geschrieben am 26. August 1841 auf Helgoland; s. Abb. 125); seit 1903 im Besitz der Königlichen Bibliothek.

2) Max Schneckenburger, Die Wacht am Rhein (undatiert); seit 1888 im Besitz der Königlichen Bibliothek.

3) Karl Wilhelm, Komposition der Wacht am Rhein (geschrieben vor 1854); seit 1912 im Besitz der Königlichen Bibliothek.

Die Originale befinden sich heute in Ost-Berlin bzw. Krakau.

Vier Bibliotheksansichten – auf der Mittelachse des Gebäudes (Aufnahmen um 1925)

126 Haupteingang Unter den Linden mit Blick in die »Lindenhalle« – Ausgangspunkt der »Süd-Nord-Achse«

127 Aufstieg zur »Vorhalle« des Lesesaals

128 Im Großen Lesesaal mit annähernd 400 Arbeitsplätzen

129 Ausschnitt des Lesesaals

130 Zum Vergleich: Das Dominnere mit Kanzel, Orgelempore und Teil der Galerie (s. auch Abb. 115).
Harnack nennt in seiner Eröffnungsrede den Bau der Bibliothek »einen Dom der Wissenschaft, ... einen Tempel der Musen und eine feste Burg der Wahrheit.«

131 Lesesaal-Impression. »Nach dem Urteil vieler gelehrter Benutzer haben sie nirgends besser zu arbeiten vermocht als in dem großen Lesesaal der neuen Königlichen Bibliothek. Die Tischbeleuchtung des Abends und die sich dann im Dunkel verlierende Höhe über ihnen wirkte auf sie wie ein Fluidum, das sie zu geistiger Konzentration befähigte« (Wieland Schmidt).

Die Kuppeln von 6 berühmten Bauten in ihren Ausmaßen. (Das abweichende Material und die unterschiedlichen Konstruktionen seien hier einmal ausgeklammert.)

	Bauzeit	lichte Höhe (m)	Durchmesser (m)
Pantheon in Rom	(118–25)	43,2	43,2
Dom in Florenz	(1418–36)	91	45,4
St. Peter in Rom	(1546/88–90)	117	42,3
Britisches Museum in London	(1854–57)	32,3	42,6
Kongreß-Bibliothek in Washington	(1888–97)	35	32
Staatsbibliothek in Berlin	(1903–14)	34	43

Zum Vergleich: Zwei Kuppellesesäle

132 Hauptlesesaal der Bibliothek des British Museum. (Architekt: Sidney Smirke). 1874 besichtigt Lepsius auf einer Kongreßreise das British Museum; es macht in seiner lichtspendenden Weiträumigkeit besonderen Eindruck auf ihn.

133 Hauptlesesaal der Library of Congress in Washington. Auch er ein achteckiger Zentralbau, der »auf die Gestaltung des Lesesaales der Berliner Bibliothek wahrscheinlich nicht ohne Einfluß war« (Deutsche Bauzeitung vom 9.5.1914).

134 Lesesaal der Universitätsbibliothek. (Aufn. 1914). Er liegt unmittelbar neben dem Kuppellesesaal und diente von 1909–14 als Lesesaal der Königlichen Bibliothek (Grundriß 40 × 20 m). Im Zweiten Weltkrieg wurde er völlig zerstört.

134a »Friedrich der Große übergibt die ›Kommode‹ den Berliner Gelehrten«. Freskogemälde an der Nordfront des Lesesaals der Universitätsbibliothek von Arthur Kampf (1908–09).
Der König weist auf den hell erleuchteten Neubau, die ihm »zunächst stehenden Personen verneigen sich dankend.« Weiter urteilt Hans Rosenhagen, der Biograph des Historienmalers Kampf: »Dieses Wandgemälde ist von ausgezeichneter Wirkung. Das Feste, Ernste, Preußische kann nicht besser ausgedrückt werden«.
Ganz anders sieht es Karl Liebknecht, der im April 1910 im preußischen Abgeordnetenhaus ausruft: »Wenn wir uns den Charakter, den die Universitäten gegenwärtig in Preußen haben, in aller Kürze symbolisch vor Augen führen wollen, so muß ich ... erinnern ... an das Mittelbild des Professors Kampf in der Königlichen Bibliothek. Es ist nicht nur eine große Geschmacklosigkeit, in dem Lesesaal dieser Bildungsanstalt die Vertreter der Wissenschaft in gebeugter Haltung, katzbuckelnd vor dem Monarchen darzustellen, an einer Stelle, wo nur die republikanische Freiheit der Geister herrschen sollte, wo nur der eine Gedanke, die voraussetzungslose Forscherfreiheit, alles durchdringen sollte. Es ist wie ein Symbol und für die Zustände in Preußen äußerst charakteristisch. Meine Herren, vielleicht wissen Sie, daß man beim Eintritt in den Lesesaal der Königlichen Bibliothek sofort an der Decke gegenüber zweimal groß das Wort ›Theologie‹ geschrieben sieht. Wenn man sich dann umdreht, erblickt man auf der anderen Seite Friedrich ›den Großen‹ und die katzbuckelnden Gelehrten. Das ist in der Tat wie eine Satire auf die Freiheit der Wissenschaft, aber auch wie ein Gleichnis auf die preußische Wahrheit.«

135 Ernst Reuter 1914. In diesem Lesesaal (Abb. 134) hat vor dem 1. Weltkrieg Ernst Reuter gearbeitet. Er schreibt im August 1913 an die Eltern: »Berlin selbst ist mir höchst unsympathisch. Staub und entsetzlich viel Menschen, die alle rennen, als ob sie die Minute 10 Mark kostete. Königliche Bibliothek sehr schön, ich habe Lesesaal-Karte und kann da gut arbeiten.«

Der Bau, gesehen mit den kritischen Augen von Bibliothekaren der Staatsbibliothek

Die euphorische Stimmung der Eröffnungsfeierlichkeiten von 1914 hält der leitende Baumeister, Baurat Anton Adams, beispielhaft fest, wenn er »die Vollendung des Bauwerks ein Ereignis für das wissenschaftliche Leben« der Nation nennt. Sie sei zugleich der »Abschluß eines Wirkens, in dem künstlerisches Können und bewußtes Streben, der Wissenschaft ein Werkzeug von der höchsten Brauchbarkeit zu bereiten, sich in der schönsten Weise durchdringen.« Auch die Benutzer äußern sich, soweit erkennbar, zumeist sehr angetan, ja überwältigt von der Größe des Hauses und besonders von der eigentümlichen Atmosphäre des großen Lesesaals, welche »sie zu geistiger Konzentration befähigte« (W. Schmidt).
Demgegenüber scheint weitgehend in Vergessenheit geraten zu sein, daß sich von Beginn an auch kritische Stimmen, zumal von bibliothekarischer Seite, zu Wort meldeten. Hierzu im folgenden eine repräsentative Auswahl.
Den Anfang macht, der Überlieferung nach, Eduard Ippel, der schon in der Eröffnungsphase nach einer ersten Besichtigung des Gebäudes seiner Überraschung Luft macht mit den Worten: »Hier kann nur ein Erdbeben helfen« (1914). Weniger als ein Jahrzehnt später, nach reiflichen Erfahrungen mit dem Gebäude und seiner Funktionstüchtigkeit gesteht allerdings auch Harnack: »Seine Idee selbst ist eine Unzweckmäßigkeit ... An einigen schweren Fehlern bin auch ich mitschuldig, weil mein Widerstand gegen ästhetische Forderungen nicht stark genug war, so an einem der schlimmsten Punkte, bei der Konstruktion des großen Lesesaals in bezug auf die hier unterzubringende Handbibliothek« (1922).

Überhaupt gerät der Lesesaal zunehmend in den kritischen Blickpunkt der Bibliothekare, so daß sich der sonst so gelassen urteilende Milkau, Harnacks Nachfolger, zu der brieflichen Äußerung versteigt: »Es erfaßt einen zuweilen etwas wie Wut, wenn man Tag für Tag mehr und deutlicher dessen inne wird, was mit der Staatsbibliothek gesündigt worden ist« (1930). Ihm pflichtet Emil Jacobs im selben Jahr bei: »In der Kuppelanlage vor allem liegt der Keim zu dauernden und kaum wieder gutzumachenden Leiden. Und gerade die Idee der Riesenkuppel ging allem andern vor.« Ein Jahr später bemängelt Gustav Abb vor allem die zu geringe Raumkapazität des Baus. Sie habe jedenfalls im Magazin nach nur zwei Jahrzehnten »zu unhaltbaren Verhältnissen geführt« (1931).
Zurückhaltend und abwägend urteilt schließlich H. A. Krüß, der letzte Generaldirektor der Preußischen Staatsbibliothek, im letzten Friedensjahr unmittelbar vor Ausbruch des Zweiten Weltkrieges: »Wie bei den Bauten vieler anderer Bibliotheken haben auch im Neubau der Staatsbibliothek die Wünsche des Architekten und des Bibliothekars keinen vollen Ausgleich gefunden... Die Behebung von Mängeln in der Planung des Gebäudes und seine Anpassung an neue Bedürfnisse« konnte mittels »durchgreifender technischer Verbesserungen vorgenommen werden« (August 1939).

136 »An der Theke« der Königlichen Bibliothek. Die Frau – hier vielleicht Bibliothekslehrlinge – beginnt, vor und während des Ersten Weltkrieges in den wissenschaftlichen Bibliotheken tätig zu werden. Fritz Milkau schreibt 1916 aus Breslau: »Gottlob, daß die Dienstpflicht der Mädchen noch nicht erfunden ist, sonst müßte ich wirklich das Hotel schließen«.

137 Im Magazin (1920). Die hochmodernen, hier zum ersten Mal in Berlin eingebauten Lipman-Gestelle halten, wie sich zeigen wird, selbst den Zerstörungen des 2. Weltkrieges stand.

Leser und ihre Erfahrungen in der Preußischen Staatsbibliothek

a Satirisch: »Beschäftigt mit meinem Werk: ›Die Hämorrhoiden in der Geschichte des preußischen Königshauses‹, blätterte ich neulich versonnen in einem Katalog der Staatsbibliothek. Das ist eine freundliche Arbeit. Schon nach vier Seiten hat mein geübtes Philologengehirn vergessen, warum ich eigentlich hergekommen bin, und strahlend versenke ich mich in das Meer von Geschreibsel. ... Wenn die Deutschen keine Geschäftsordnungsdebatten abhielten, scheinen sie Bücher geschrieben zu haben. ....Draußen klingeln die Bahnen: hier muffeln kurzsichtige Professoren in dicken Wälzern, freundliche, wenn auch großfüßige Mädchen laufen hin und her, die Bibliothekare sehen aus, als wollten sie alle Studenten, die nicht Bescheid wissen, auffressen – eine Insel der Seligen. ....Ich muß gehen. Ich werde schleunigst von diesen ›fremden‹ Dingen, von diesen ›Allotriis‹ abstehen und zu meiner ernsthaften Arbeit zurückkehren. Zu den Hämorrhoiden und ihren Hohenzollern. Ein Thema, wert, daß es behandelt wird.« (Aus: Kurt Tucholsky – hier Peter Panter – unter dem Titel »Gallettiana« in: Die Weltbühne 18. 1922, 2. Halbj., S. 120–22.)

b Kriminell: »Fabian nahm ein Likörglas aus dem Schrank und schenkte sich ein. Labude blickte vor sich hin. ›Heute morgen war ich dabei, wie sie in der Staatsbibliothek einen Professor festnahmen. Einen Sinologen. Er hat seit einem Jahr seltene Drucke und Bilder der Bibliothek gestohlen und verkauft. Er wurde blaß wie eine Wand, als man ihn verhaftete... Man fütterte ihn mit kaltem Wasser. Dann wurde er abtransportiert.‹
›Der Mann hat den Beruf verfehlt‹ sagte Fabian. ›Wozu lernt er erst Chinesisch, wenn er zum Schluß vom Stehlen lebt? Es steht schlimm. Jetzt räubern schon die Philologen.‹ – « (Aus: Erich Kästner: Fabian – Die Geschichte eines Moralisten. Stuttgart 1931, S. 64.)

c Politisch: »Zu meiner Legalisierung gehörte, daß ich mich als Ausländer bei der Polizei zu melden hatte. Weiter, daß ich mir die Erlaubnis holte, in der Preußischen Staatsbibliothek arbeiten zu können. ... Und nicht zuletzt, daß ich mich konsequent daran hielt, Deutsch mit norwegischem Akzent zu sprechen.
In der Staatsbibliothek war es nicht schwer, eine Karte für regelmäßigen Zugang zu erhalten, und ich arbeitete dort jeden Vormittag. Allerdings blieb für eigentliche Quellenarbeit zur Geschichte des vorigen Jahrhunderts nicht viel Zeit. Ich ließ mir vor allem die NS-Literatur von Hitler über Rosenberg bis Darré kommen und machte mir fleißig Auszüge...« (Willy Brandt: Links und frei. Mein Weg 1930–1950. Hamburg 1982, S. 174 f.)

138 Kurt Tucholsky (Aufnahme von 1927).

139 Willy Brandt (Aufnahme von 1937).

140 Erfolgsbilanz 1936. Die Benutzung der Preußischen Staatsbibliothek im Jahr der Olympischen Spiele.

141 Adolf (von) Harnack (1851–1930). Der anerkannte Kirchenhistoriker, der Geschichtsschreiber der Berliner Akademie der Wissenschaften und spätere Präsident der »Kaiser-Wilhelm-Gesellschaft zur Förderung der Wissenschaften« wird 1905 zum Generaldirektor der Königlichen Bibliothek im Nebenamt berufen. Althoff leitet dabei der Gedanke, daß Harnack »als eine der dominierenden Gelehrtenpersönlichkeiten« von der Notwendigkeit »einer Neuorganisation der Wissenschaft und ihrer Einrichtungen... durchdrungen« sei (Wieland Schmidt). Während seiner 15½-jährigen Amtszeit als Generaldirektor widmet sich Harnack sowohl diesen wissenschaftspolitischen wie zugleich bibliothekspolitischen Aufgaben. Er verdoppelt den Etat und das Personal, er verschafft ihr die Anerkennung als wissenschaftliche Zentralbibliothek des Reiches; er führt sie weiter in den monumentalen Ihne-Bau und schließlich – über die Notjahre des Krieges – in die Anfangszeit der Weimarer Republik. Zu Beginn seiner Amtsführung hatte Harnack versprochen: »Was in meinen Kräften steht, soll geschehen, damit kein einziger Mitarbeiter im Staube stecken bleibt«. 20 Jahre später gesteht er seinem Nachfolger: »Wenn ich von der Staatsbibliothek höre, ist es mir, als höre ich von der Heimat«.

143 Direktorenkonferenz unter dem Vorsitz von Adolf von Harnack (1918). Im Konferenzzimmer des Neubaus; auf dem Regal die Büste von Wilhelm II. Von links: Paul Schwenke (1. Direktor), Harnack, Hans Paalzow (Erwerbung), Heinrich Meisner (?; mit Rücken; Karten), Richard Fick (Kataloge), Walther Schultze (?; Kriegssammlung), ?, Konrad Haebler (Handschriftenabteilung), Heinrich Krause (Benutzung), Wilhelm Altmann (Musikabteilung).

142 Paul Schwenke (1853–1921). Schwenke, Altphilologe und ein namhafter Buch- und Bibliothekshistoriker, steht schon über 30 Jahre im Bibliotheksdienst, als er 1906 Erster Direktor und damit ständiger Vertreter von Harnack wird. Ihm obliegen in erster Linie Organisation und Lenkung des »inneren Betriebs«, doch auch die bibliothekarische Neubauplanung und der in wenigen Wochen vollzogene Umzug der 1,3 Millionen Bände (1909).

Harnack erinnnert sich 1922, daß »niemals weder im Großen noch im Kleinen auch nur der Schatten von Empfindlichkeit zwischen uns gefallen ist... Dies ideale Verhältnis... verdankte ich dem Charakter des Kollegen, der die zunächst schwierige Situation, mich in die ihm so bekannten Geschäfte einzuführen... mit der freundlichsten Gesinnung und dem feinsten Takte beherrschte«. Und Fritz Milkau, Harnacks Nachfolger, nennt diese Periode dank der »weisen Arbeitsteilung« der »beiden Männer, des großen Gelehrten und des ausgezeichneten Fachmannes« eine der »glücklichsten in der Geschichte der Bibliothek«.

144 Fritz Milkau (1859–1934). Mit 61 Jahren wird Milkau als unbestritten führende Gestalt im deutschen Bibliothekswesen Generaldirektor der Preußischen Staatsbibliothek (1921–25). Zuvor wirkte er als enger Mitarbeiter Friedrich Althoffs und als Bibliotheksdirektor in Greifswald und Breslau bei der Reorganisation der preußischen Bibliotheken mit. Trotz der Kürze der ihm vergönnten Berliner Amtszeit und der Notjahre der Inflation legt Milkau durch Tatkraft und persönliches Engagement den Grund für das Wiedererstarken der Staatsbibliothek nach dem Ersten Weltkrieg. Er krönt sein Lebenswerk mit der Herausgabe des grundlegenden Handbuchs der Bibliothekswissenschaft. Aus der Beachtung der »Minutien des Dienstes« leitet er seinen Grundsatz ab: »Die Kardinaltugend des Bibliothekars ist Ordentlichkeit«.

145 Hugo Andres Krüß (1879–1945). Krüß ist eine durchaus untypische Erscheinung im deutschen Bibliothekswesen. Von Haus aus Physiker, sodann hoher Beamter im Preußischen Kultusministerium stößt seine ministeriell verfügte Berufung zum Generaldirektor (1925) anfangs auf erhebliche Einwände in Fachkreisen. Doch ist er sehr um die Stärkung der inneren und der äußeren Position der Staatsbibliothek im Konzert der deutschen und der europäischen Bibliotheken bemüht. Mangels fachbibliothekarischer Sachkunde legt Krüß das Schwergewicht seiner Tätigkeit auf die Förderung der großen, auch international bedeutsamen Veröffentlichungen und Katalogunternehmen des Hauses sowie auf die Festigung der internationalen Zusammenarbeit im Bereich des Bibliotheks- und Dokumentationswesens.

Das Urteil über seine Haltung während der Zeit des Nationalsozialismus ist geteilt. Doch wird ihm von seinen Mitarbeitern in den Notjahren des Zweiten Weltkrieges hohe Einsatzbereitschaft bescheinigt. Sie geht nach der Verlagerung der Buchbestände aus dem Stammhaus und der Niederlage Deutschlands bis zur freiwilligen Selbstaufopferung in den Räumen der Bibliothek.

146 Eine festliche An-Gelegenheit. 60. Geburtstag von Hermann Degering (20. Dezember 1926), des Direktors der Handschriftenabteilung. Zu identifizieren sind von den Herren in den oberen Reihen Joachim Kirchner (3. von links), Max Husung (6.), Degering (sitzend), Milkau (links darüber) Krüß (5. von rechts), Ernst Consentius (4.), Ernst Kuhnert (ganz rechts).

147 Das Direktorenkollegium der Preußischen Staatsbibliothek am 25. Oktober 1927. Von links: Wilhelm Altmann (Musikabteilung), Krüß, Hermann Degering (Handschriftenabteilung), Alexander Schnütgen (Erwerbungsabteilung), Hermann Hülle (Ostasiatische Abteilung), Gustav Abb (Benutzungsabteilung, kommissarisch), Karl Pretzsch (Kartenabteilung), Gotthold Weil (Orientalische Abteilung), Ernst Kuhnert (1. Direktor, zugleich Katalogabteilung).
Der Altphilologe Kuhnert (1862–1952) ist von 1921–29 die rechte Hand der Generaldirektoren Milkau und Krüß. Er setzt sich besonders für den Fortgang und die Drucklegung des Preußischen Gesamtkataloges (Bd. 1. 1931) ein. Wissenschaftlich hat der gebürtige Westpreuße die Geschichte der Universitätsbibliothek Königsberg und des deutschen Buchhandels in Wort und Schrift behandelt. »In der Erinnerung seiner Mitarbeiter lebt Ernst Kuhnert... als einer der letzten Paladine der alten Preußischen Staatsbibliothek« (Kurt Tautz).

148 *Emil Jacobs (1868–1940).* Mit archäologischen Untersuchungen beginnt Jacobs sein wissenschaftliches Werk, mit dem glücklichen Erwerb wertvoller lateinischer Handschriften und deren Beschreibung seine bibliothekarische Laufbahn an der Königlichen Bibliothek (1894–1912). Er gewinnt Anerkennung als einer der gelehrtesten Vertreter seines Faches, zumal durch die akribisch-quellenkritische Erforschung altsprachlicher Handschriftenüberlieferung im Zeitalter des Humanismus. Nach 17jähriger Abwesenheit kehrt Jacobs als Nachfolger Ernst Kuhnerts an die Preußische Staatsbibliothek, der er stets verbunden geblieben, zurück (1929–34). – Umfassend gebildet, ein reich begabter und zugleich widerspruchsvoller Charakter ist Jacobs seiner Wissenschaft wie seinem Beruf mit Leidenschaft ergeben.

149 *Josef Becker (1883–1949).* In unruhiger Zeit tritt Becker in der Nachfolge von Emil Jacobs sein Amt als 1. Direktor der Preußischen Staatsbibliothek (1935–45) an. Hier widmet er sich vornehmlich der Erwerbung und Fragen der Verwaltung. Er beweist organisatorisches und Verhandlungsgeschick während des 2. Weltkrieges, bei der Bergung der Bücher der Staatsbibliothek zudem Klugheit und Entschlußkraft. Becker stirbt als Direktor der Universitätsbibliothek der Technischen Universität Berlin.

150 Im Katalogsaal (etwa 1930). Der alte Alphabetische Katalog, ein Bücherwagen und Dr. Käthe Iwand (1894–1985), die langjährige, allseits geschätzte Mitarbeiterin der Preußischen Staatsbibliothek.

151 Das Fachreferentenkollegium der Staatsbibliothek (Mai 1933). Es führt den Realkatalog, den »kostbarsten Besitz der Bibliothek« (E. Ippel), und steht zu jener Zeit, kurz vor seiner Reduzierung, auf dem Höhepunkt seines Ansehens. Stehend von links: Max Arnim (Chef des Signierdienstes), Heinz Ahlenstiel (Naturwiss., Mathematik), Wilhelm Polthier (Allgemeine, Preußische und Skandinavische Geschichte, Kriegskunst, Ökonomie), Kurt Tautz (Medizin), Axel v. Harnack (Wissenschaftskunde, allg. Zeitschriften, Auskunft, Schlagwortkatalog), Hermann Corsten (Technik), Walther Transfeld (Rechtswiss.), Käthe Iwand (Anglistik, Romanistik, Ästhetik), Wilhelm Nickel (Germanistik), Hans Lindau (Pädagogik, Kunst, Philosophie), Erwin Steinborn (Theologie), Regina Lohse (Hilfsarb.), Ernst Crous (Buchkunde, allg. Philologie), Ernst Honigmann (Klassische Philologie).
Sitzend: Ernst Consentius (Zeitungen, Universitäten, Schulen), Rudolf Kaiser (i. R.; Finno-Ugristik, Eingeborenensprachen), Philipp Losch (Vorsteher; Deutsche Geschichte, Österreich, Schweiz, Südamerika, Weltkrieg und Revolution), Heinrich Born (i. R.; Spanisches Theater), Georg Schneider (Bibliographie, west- und südeurop. Geschichte, Afrika, Australien). – Es fehlen: Fritz Schwiefert (Slaw. Geschichte und Literatur) und Hans Sveistrup (Staats- und Sozialwiss.).

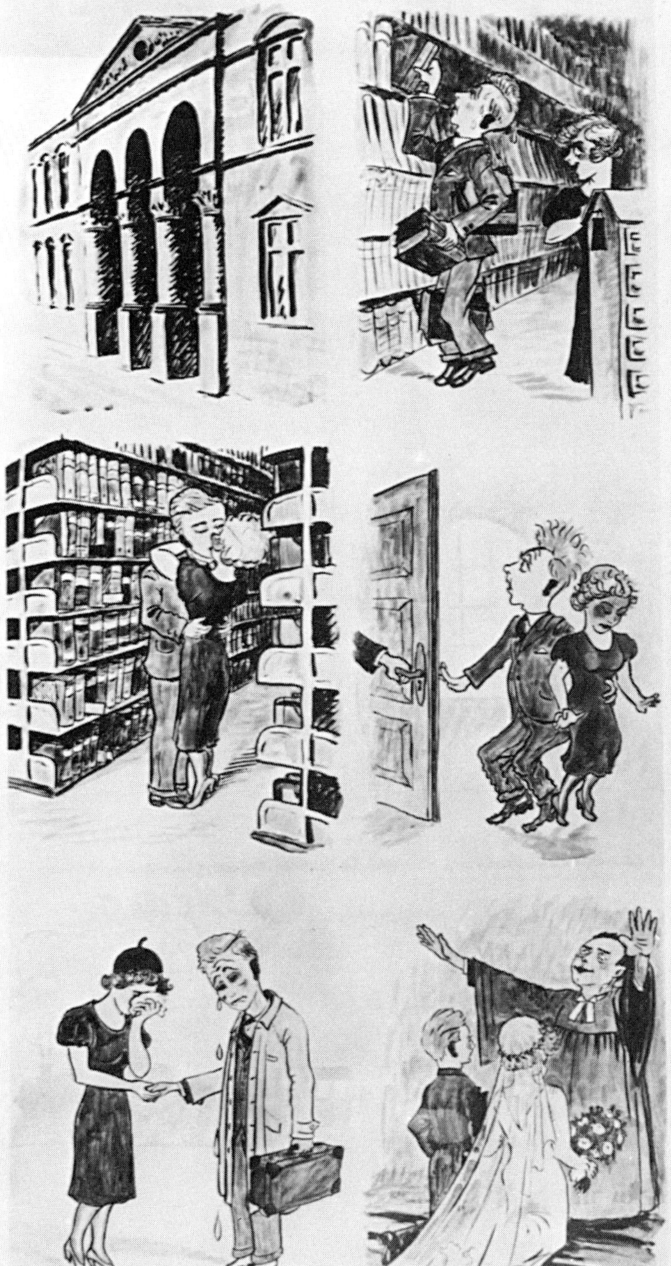

<u>M o r i t a t</u>

Nach der Melodie:
Einst stand ich am eisernen Gitter.

1. Hinter diesen grauen Mauern,
wo der Bücher Weisheit thront,
die Gefahren heimlich lauern,
niemand wird davon verschont.

2. Ach - hier sieht man bitter schnaufen
zwischen Büchern dick und schwer
in der Arbeit bald ersaufen
einen jungen Volontär.

3. Niemand hilft ihm beim Studieren,
keiner nimmt sich seiner an,
nur ein Mädchen vom Signieren
lächelt ihn ganz leise an.

4. Beide sieht man nun zusammen
morgens, abends und beim Schluss,
immer höher gehn die Flammen,
und es kommt zum ersten Kuss.

5. Lieber Jüngling, meinst du's ehrlich
oder treibst du mit mir Scherz ?
Glaube mir, es ist gefährlich
für mein armes, junges Herz.

6. Ach - der Stabi fehlt die Laube,
Bücher gibt es überall,
und machst du dich aus dem Staube,
Bums - da kommt der General.

7. Liebes Mädchen, ich muss wandern
zu 'ner andern Bibliothek,
nach 'nem Jahr und einem andern
hol ich dich einmal zurück.

8. Ach - sie konnte kaum signieren,
konnte nicht mehr fröhlich sein,
auf die Bücher tut sie stieren,
senden ihm Vergissnichtmein.

9. Auf wahre Liebe kann man bauen,
sie findt stets den rechten Weg,
beide lassen sich nun trauen
von der Stabi - Bibliothek .

1o. Dieses Beispiel soll euch sagen:
Nützet eurer Augen Blick,
selbst in schlimmen Stabi-Tagen
blüht bei Büchern Liebesglück .

Ausflug der Staatsbibliothek
23. Mai 1936

152 Bibliotheca amans (1936)

153 Bibliotheca cantans (1937). Georg Schünemann, Direktor der Musikabteilung und Leiter der »Library Singers« (in der Mitte des Bildes), berichtet 1943: »Am 13. April 1937 fand sich eine größere Zahl von sangeskundigen und liedfreudigen Mitgliedern der Staatsbibliothek zusammen, um gemeinsam Volkslieder und Chöre unserer deutschen Meister zu singen. ... Es wurde fleißig geprobt und schon am 12. Juni 1937 konnte sich der neue Chor bei einem Kameradschaftsausflug der Staatsbibliothek vorstellen. Gesungen wurden Volkslieder in alten und neuen Sätzen.«

154 Abschied vom Frieden (Aufn. etwa 1935). Das Berliner »Kulturforum« der Vorkriegszeit, mit Blick nach Südosten: Schinkelsche Bauakademie (der quadratische Bau links oben), davor Kommandantur, Kronprinzenpalais (die neue Abteilung der Nationalgalerie beherbergend), Zeughaus, Singakademie (nur teilweise sichtbar); in der Mitte das eigentliche Friedrichsforum mit Hedwigskirche, Opernhaus, Universität (links davon die Neue Wache); im Westen ein Teil des Gendarmenmarktes mit Französischem Dom, alter (Kommode) und neuer Bibliothek.

Beobachter

:r“ **Ausgabe 330 vom 26. November 1939**

Bibliothekswesen im Krieg

„VB.“-Unterredung mit Geheimrat Krüß, Generaldirektor der Preußischen Staatsbibliothek

Wir waren sogleich bei der Sache und sprachen also von den Komplementärfarben beziehungsweise den mit ihnen verwandten Problemen, wozu der Leser auf die naturwissenschaftlichen Schriften Herrn von Goethes, die Physiologische Optik von Helmholtz und die Farbtafeln Newtons hingewiesen sei. Die Herren der Preußischen Staatsbibliothek überlegen nämlich, wie man den Großen Lesesaal verdunkeln könne, über dessen 450 Arbeitsplätzen sich die riesige Glaskuppel wölbt?

Das Problem „Großer Lesesaal“, es ist nur eines unter vielen, und wenn es für den Benutzer der Bibliothek das auffälligste ist, für den Herrn Generaldirektor gibt es wichtigere Sorgen. Er holt sich einen Zettel, auf dem Zahlen hübsch untereinander stehen:

„Sie kennen als Benutzer unserer Reichtümer den Charakter der Staatsbibliothek. Wir sammeln zunächst als größte preußische Bücherei das Schrifttum des Landes Preußen. Dann, als größte Bibliothek auch des Reiches, die ganze bedeutsame Literatur unserer Sprache. Und endlich, als repräsentative Bibliothek des Reiches, pflegen wir das ausländische Schrifttum, und ich kann sagen, daß wir gerade während der letzten Jahre hier unsere wichtigste Aufgabe gefunden haben. Im letzten Friedensjahr 1938/39 erwarben wir neben 52 000 Bänden deutschen Schrifttums 25 000 Bände ausländischer Literatur! Neben 15 000 deutschen halten wir mehr als 10 000 ausländische Zeitschriften!“

Wissenschaftliche Literatur erfüllt nur dann ihren Zweck, wenn sie lückenlos vorhanden ist; Zeitschriften verlieren ihren Reiz für den Leser, wenn zwischendrin einzelne Nummern oder gar ganze Jahrgänge fehlen:

„Sehen Sie, der Krieg 1914—18 hat die Staatsbibliothek einmal in eine ernste Krise gebracht und damit die wissenschaftliche Arbeit, die ja angewiesen ist auf den fachlichen Zusammenhang mit dem Auslande, zu zerstören gedroht. Im Jahre 1913 bezogen wir 18 000 ausländische Werke, — 1919 waren es tatsächlich nur noch 4500 gewesen. Das ist eine Mahnung an uns, heute einer derartigen wissenschaftlichen Isolierung mit allen Mitteln vorzubeugen.“

Neben der Sammlung der Bücher ist es der Verleih, der einer Bibliothek ihr Gesicht gibt:

„Und da sind wir stolz darauf, daß die Staatsbibliothek im Gegensatz zu den führenden Instituten der feindlichen Westmächte ihren Betrieb, abgesehen von der Beschränkung im Lesesaal, unverändert fortführt. Die große Bibliothèque Nationale in Paris, das British Museum in London, sie alle schlossen bei Kriegsausbruch sofort, teils der allgemeinen Panik wegen, teils um ihre Kostbarkeiten in Sicherheit zu bringen, wir aber . . .“

„Und die Preußische Staatsbibliothek hat ihre Kostbarkeiten nicht in Sicherheit gebracht?“ frage ich unterbrechend.

„Natürlich; wie die Museen, so haben auch wir einmalige und unersetzliche Stücke unseres Bestandes sichergestellt. Da diese Dinge aber ohnehin vom Kreis der allgemeinen Benutzer nicht verlangt werden, wirkt sich diese Maßnahme kaum sichtbar aus. Der Besucher bekommt eigentlich nach wie vor alles genau gleich, und nur durch Einberufungen unserer Beamten mag allenfalls einmal da oder dort eine Verzögerung entstehen. Wir müssen mit weniger Beamten eine fast gleich gebliebene Zahl der Benutzer zufriedenstellen!“

Und wieder marschieren Zahlen auf, und ihre letzte verrät, daß mit etwa 1500—1800 täglichen Buchbestellungen die Anforderungen an Deutschlands größte Bibliothek auch durch den Krieg nur unwesentlich vermindert worden sind . . .

„Etwas zurückgegangen sind die Bestellungen, wie gesagt, das ist unwesentlich. Viel wichtiger ist, daß gerade der Krieg auch von der Ausleihe her neue Anforderungen stellt. Wir sind die größte und die vielseitigste Bibliothek in der Reichshauptstadt. Und unsere Bücher müssen heute mehr und auf jeden Fall schneller als je zuvor für etwaige Anforderungen der Behörden zur Verfügung stehen. So haben wir eine Art Schnelldienst eingerichtet für solche Zwecke.“

Der „unbehördete“ Benutzer der Preußischen Staatsbibliothek, der gewohnt ist, heute seinen Zettel einzuwerfen, ihn am nächsten Tage als „noch nicht durch!“ und am übernächsten als „entliehen“ wiederzusehen, dieser „unbehördete“-Entleiher hört es mit blassem Neid:

„Wir haben für solche amtlichen Wünsche sogar einen Nachtdienst eingerichtet. Ein wissenschaftlicher Beamter ist jetzt nach Schluß der Dienststunden zur Verfügung, um auch selbst nach Mitternacht noch dringende Anforderungen zu erledigen. Telephonanruf genügt!“

Die neue [illegible]iegssammlung wird noch erwähnt, und der Generaldirektor der Staatsbibliothek hofft, daß hier vom Flugblatt an bis zu den Erlebnisbüchern und den Geschichtswerken sich alles vereinen wird, was späteren Geschlechtern für unsere Zeit zeugen kann. Vom Leihverkehr mit dem Ausland reden wir, der nun allerdings zurückgegangen ist:

„Nicht unsere Schuld. Wir würden nach wie vor in das neutrale Ausland den Leihverkehr, der bis dahin rund 33 vH. des allgemeinen Leihverkehrs ausmachte, fortsetzen. Aber die ausländischen Bibliotheken sind oft durch ihre Statuten gehindert, ihre Bücher in ein „kriegführendes“ Land zu schicken. Und da der internationale Leihverkehr nun einmal auf grundsätzlicher Gegenseitigkeit beruht, ist damit auch uns oft die Entleihung von Werken ins Ausland unmöglich gemacht.“

Und dann kommen noch die Sorgen, die auch andere haben. Wenn die Hausfrau sich nach Kohlen umsieht für ihre Dreizimmerwohnung, so muß auch ein Generaldirektor der Preußischen Staatsbibliothek sich um Heizung kümmern. Nicht einmal ein toter Dichter in Buchform soll hier frieren! Was dem Menschen die Kleider, sind den Büchern die Einbände; und Leinen und Leder sind eben anderen Dingen vorbehalten.

Aber Schwierigkeiten sind, wie immer, so auch hier, dazu da, um überwunden zu werden! In der Staatsbibliothek weht ein frischer Wind — der Besucher des Großen Lesesaales weiß das aus Erfahrung und sucht seit Jahren vergeblich nach einem zugfreien [illegible]atz.

Zeichnung: Stenbock

155 »Bibliothekswesen im Krieg«. Ein Interview mit dem Generaldirektor im 3. Kriegsmonat (»Völkischer Beobachter« vom 26. 11. 1939). Themen des Interview sind u.a. die Erwerbung, die beginnende Auslagerung von Zimelien und die ersten kriegsbedingten Einschränkungen in der Benutzung und im auswärtigen Leihverkehr.

156 Berlin brennt! Luftangriff auf das Stadtzentrum am 29. Januar 1944; rechts die Petrikirche.

Auslagerung der Bestände (1940–44; Aufnahmen: Ende 1943). Die Gesamtmenge der in den Kriegsjahren aus der Preußischen Staatsbibliothek ausgelagerten Bücher entspricht einer Länge von 82 km – eine Aktion gewiß ohne Beispiel in der Bibliotheksgeschichte.

157 Einladen der Bücherkisten auf den Holzgas-LKW in der Charlottenstraße.

158 Rast auf der Autobahn bei Münchberg/Franken; in der Mitte Magazinmeister Walter Schwarzenecker

159/160 Auslagerung des alphabetischen Bandkatalogs. Die in die Kalkbrüche nach Rüdersdorf östlich v Berlin verlagerten Bände werden von Bibliothekarinnen und französischen Kriegsgefangenen zur Entkalkung unc Entschimmelung in die Sonne gestellt. An der Aktion beteiligt sind u. a. Gertrud Casper, Marga Graß, Doroth Lehmpfuhl, Magdalene Moczynski (Aufnahmen vom Sommer 1944). Hie verbrannte der Katalog im Jahre 1945

161 Die »Linden«-Front wurde vor allem beim Luftangriff vom 16. 12. 1943 stark beschädigt.

Die Folgen des Krieges
(Aufnahmen 1945)

164 Bücher im Freien. – »Das Dach war an zahlreichen Stellen eingebrochen, Mauerteile eingesunken, die Außenwände der Magazine waren zum Teil aufgerissen, die Scheiben waren fast ohne Ausnahme zertrümmert...« (E. Paunel).

162/163 Der zerstörte Große Lesesaal. – Er »war in der Nacht vom 14. zum 15. Febr. 1944 durch eine Sprengbombe großen Kalibers getroffen worden. Sie fiel durch den östlichen Teil des Kuppeldaches, schlug durch den Fußboden, dann durch die darunter gelegenen zweigeschossigen Bücherdepots und blieb erst im Keller stecken« (E. Paunel).

V. Die Zeit des Interregnums. 1945–1978

Vom Ende der Preußischen Staatsbibliothek bis zur Eröffnung des Neubaus der Staatsbibliothek Preußischer Kulturbesitz

Daten zur Nachkriegsgeschichte

	in Deutschland und in der Welt	*in Berlin*
1945	Die Potsdamer Konferenz bestimmt die Aufteilung des um die Ostgebiete verkleinerten Deutschlands in vier Besatzungszonen und	Berlins in vier Sektoren
	Gründung der Vereinten Nationen	
1946	Eugen Kogon »Der SS-Staat«	20. Oktober: die einzigen freien Nachkriegswahlen in der gesamten Stadt
1947	Verkündung des Marshall-Plans zur Wiedergesundung Europas	25. Februar: Der Kontrollrat beschließt die Auflösung des Staates Preußen
1948	Währungsreform	Blockade West-Berlins (bis 1949) Eröffnung der Freien Universität
1949	Gründung der Teilstaaten Bundesrepublik Deutschland und Deutsche Demokratische Republik	Bertolt Brecht und Helene Weigel gründen das Berliner Ensemble
1951	Bundesrepublik Deutschland wird Mitglied des Europarates	Ernst Reuter wird Regierender Bürgermeister in West-Berlin
1953	5. März: Tod Stalins 17. Juni: Aufstände in der DDR	und in Ost-Berlin
1955	Die Bundesrepublik Deutschland tritt der NATO, die Deutsche Demokratische Republik dem Warschauer Pakt bei	Herbert v. Karajan wird Chefdirigent des Berliner Philharmonischen Orchesters
	Besuch Konrad Adenauers in Moskau: Rückkehr der letzten deutschen Kriegsgefangenen aus der Sowjetunion	Eröffnung der wiederaufgebauten Staatsoper Unter den Linden
1955/59	Gesetzgebungsverfahren zur Errichtung der Stiftung Preußischer Kulturbesitz	1957: Willy Brandt wird Regierender Bürgermeister in West-Berlin
1961	Erster bemannter Raumflug (J. Gagarin, UdSSR)	13. August: Bau der Berliner Mauer September: Konstituierung des Stiftungsrates als oberstes Organ der Stiftung Preußischer Kulturbesitz

1963	Ermordung John F. Kennedys	Eröffnung der Philharmonie (Hans Scharoun)
1966		Eröffnung der Neuen Nationalgalerie (Mies van der Rohe)
1969	Erste bemannte Mondlandung (Apollo 11, USA)	Einweihung des Fernsehturms in Ost-Berlin
1970/73	Die Bundesrepublik Deutschland bekennt sich in ihrer Ostpolitik vertraglich zum Gewaltverzicht gegenüber den osteuropäischen Staaten	1971: Berlin-Abkommen der vier Siegermächte sichert den freien Zugang nach West-Berlin
1967/78		Errichtung des Neubaus der Staatsbibliothek

Das Umfeld

Tiefgreifende Zerstörungen, die Teilung des Landes, Machtlosigkeit nach innen und außen – das sind die unmittelbaren Folgen des Zweiten Weltkriegs für Deutschland. Die vier Besatzungsmächte (Abb. 166) kontrollieren auf Jahre hinaus nicht nur das politische und wirtschaftliche Dasein; auch Kultur und Wissenschaft unterliegen ihrem bestimmenden Einfluß und ihren unterschiedlichen Zielsetzungen. Nicht anders die ehemalige Preußische Staatsbibliothek oder vielmehr das, was von ihr den Krieg überlebt hat. Wie war aus diesen Resten von Büchern, Manuskripten, Katalogteilen wieder ein leidlich funktionierendes Instrument herzustellen?

Die zerrissene Bibliothek

Eine Wiederzusammenführung der geretteten, auf viele Verlagerungssorte verstreuten Bestände mußte angesichts der großen Politik bald als aussichtslos erscheinen. Es bilden sich in Ost-Berlin und Krakau bzw. Marburg (Abb. 168) und Tübingen getrennte Bestandszentren heraus. Sie beginnen – in Ost und West – je länger je mehr ein Eigenleben zu führen. So baut die sich bildende DDR in ihrem Bereich die »Deutsche Staatsbibliothek« (dies ihr Name seit 1954) zur zentralen wissenschaftlichen Bibliothek ihres Staates aus.

Neubeginn im Westen

Für die in die spätere Bundesrepublik gelangten Bestände dauert die Übergangszeit erheblich länger. Grundlagen für einen Neubeginn sind das sogenannte »Königsteiner Abkommen«, welches die zwischenzeitliche, begrenzte Finanzierung des national bedeutsamen Kulturgutes durch Bund und Länder sicherstellt, schließlich die durch Bun-
1961 desgesetz beschlossene und vom Bundesverfassungsgericht für rechtens erklärte Errichtung der Stiftung Preußischer Kulturbesitz (Abb. 167, 169). Danach hat die Stiftung

»bis zu einer Neuregelung nach der Wiedervereinigung die ihr übertragenen preußischen Kulturgüter für das deutsche Volk zu bewahren, zu pflegen und zu ergänzen«;

sie ist zugleich

»verpflichtet, die auf sie übergegangenen, aus kriegsbedingten Gründen aus Berlin verlagerten Kulturgüter alsbald zurückzuführen«.

Jetzt erst wird ein langfristig angelegter, auf Tradition und Kontinuität gegründeter Bestands- und Personalaufbau der Staatsbibliothek sowie die Errichtung des neuen Hauses in West-Berlin möglich. Der Neubau vereinigt alle zuvor in den Westen gelang-
15. Dezember 1978 ten Bestände wieder unter einem Dach. Mit seiner Eröffnung endet für die SBPK ein mehr als 30 Jahre währendes Interregnum. (Abb. 170)

Berlin zwischen Ost und West

Zwei Bibliotheken

Nur 2 km sind heute die Staatsbibliothek Preußischer Kulturbesitz (Abb. 171) und die Deutsche Staatsbibliothek (Abb. 172) voneinander entfernt, und doch trennt sie ein grundsätzlicher, nicht erst durch die Mauer dokumentierter politischer Gegensatz. Beide Teile nehmen die Tradition des preußischen Erbes für sich in Anspruch, interpretieren sie freilich sehr verschieden. Doch jenseits dieser politisch bedingten Rivalität auf hoher Ebene verbindet die beiden Schwesterbibliotheken auf der fachlichen Ebene ein gemeinsames Berufsethos: Das Bewußtsein, einer Wurzel zu entstammen, gemeinsame, aber zerrissene Bestände zu verwalten und im Rahmen der politischen Gegebenheiten zum Wohle ihrer Benutzer so gut wie möglich zusammenzuarbeiten.

NORD-SEE
DÄNEMARK
SCHWEDEN
Kopenhagen
Malmö
Odense
Kolding
Esbjerg
Nordfries. Inseln
Westerland
Helgoland
Ostfriesische Inseln
Flensburg
Schleswig
Husum
SCHLESWIG-HOLSTEIN
Rendsburg
Kiel
Heide
Neumünster
Plön
Itzehoe
Lübeck
Fehmarn
Hamburg
Cuxhaven
Bremerhaven
Stade
Bremervörde
Wilhelmshaven
Norddeich
Emden
Leer
Groningen
Oldenburg
Papenburg
Bremen
Delmenhorst
Cloppenburg
Rotenburg
Verden
Soltau
Lauenburg
Lüneburg
Uelzen
NIEDER-LANDE
Meppen
Nordhorn
NIEDERSACHSEN
Diepholz
Celle
Hannover
Enschede
Rheine
Arnheim
Osnabrück
Minden
Herford
Bielefeld
Detmold
Hameln
Hildesheim
Braunschweig
Salzgitter
Wolfsburg
Holzminden
Paderborn
Münster
Bocholt
NORDRHEIN-WESTFALEN
Recklinghausen
Herne
Hamm
Dortmund
Soest
Oberhsn
Duisbg
Gels.
Bochum
Kref.
Mülhm
Essen
Hagen
Düsseldf
Solgn
Wuppertal
Remsch
Lüdenscheid
M-Gladbach
Leverkusen
Köln
Aachen
Düren
Siegburg
Siegen
Bonn
Bad Godesberg
Göttingen
Kassel
Bad Wildungen
Marburg
Schloß Laubach
Kloster Arnsburg
Gießen
Hersfeld
Fulda
HESSEN
Neuwied
Andernach
Koblenz
Gerolstein
Kochem
Wiesbaden
Frankfurt
Hanau
Offenbach
Aschaffenburg
Mainz
Darmstadt
RHEINLD.-PFALZ
Bitburg
Bad Kreuznach
Trier
Luxembg.
Worms
SAAR-LAND
Saarbrücken
Kaiserslautern
Ludwigshafen
Mannheim
Zweibrücken
Pirm.
Speyer
Heidelbg.
Landau
Bruchsal
Heilbronn
Karlsruhe
BADEN-WÜRTTEMBERG
Pforzheim
Stuttgart
Baden-Baden
Eßlingen
Göppingen
Nancy
Straßburg
Offenburg
Lahr
Tübingen
Reutlingen
Ulm
Rottweil
Kloster Beuron
Sigmaringen
Freiburg
Donaueschingen
Ravensburg
Lörrach
Basel
Konstanz
Friedrichshafen
Lindau
Zürich
SCHWEIZ
FRANKREICH
Bad Kissingen
Schweinfurt
Würzburg
Coburg
Schloß Banz
Bamberg
Bayreuth
Hof
Erlangen
Weiden
Fürth
Nürnberg
Amberg
Bad Mergentheim
Crailsheim
Ansbach
Neumarkt
Cham
BAYERN
Nördlingen
Donauwörth
Regensburg
Straubing
Ingolstadt
Passau
Augsburg
Landshut
Freising
München
Mühldorf
Landsberg
Rosenheim
Bad Tölz
Traunstein
Kempten
Garmisch Partenkirchen
Berchtesgaden
Linz
ÖSTERREICH
BUNDESREPUBLIK
Schwerin
Wismar
Rostock
Güstrow
Stralsund
Bergen
Saßnitz
Rügen
Greifswald
Anklam
Swinemünde
MECKLENBURG
Parchim
Neubrandenburg
Neustrelitz
Prenzlau
Stettin
Ludwigslust
Wittstock
Rittergut Blumenau
Angermünde
Wittenberge
Schloß Rühstadt
Salzwedel
Stendal
Neuruppin
Landhaus Chorin
Eberswalde
BRANDENBURG
Rathenow
Berlin
Potsdam
Brandenburg
Rüdersdorf
Fürstenwalde
Frankfurt
SOWJETISCHE BESATZUNGSZONE
SACHSEN-ANHALT
Bergwerk Schönebeck
Halberstadt
Magdeburg
Luckenwalde
Wittenberg
Luckau
Görlitzdorf
Schloß Beesdau
Cottbus
Senftenberg
Aschersleben
Dessau
Bitterfeld
Eisleben
Halle
Nordhsn.
Mühlhausen
Merseburg
Leipzig
Eisenach
Erfurt
Gotha
Weimar
Jena
Hattorf
THÜRINGEN
Meiningen
Suhl
Saalfeld
Gera
Schloß Wolkenburg
Chemnitz
Schloß Waldenburg
Zwickau
Aue
Annaberg
Sayda
Plauen
Meißen
Döbeln
Schloß Gauernitz
Dresden
Bautzen
SACHSEN
Aussig
Karlsbad
Stift Tepl
Pilsen
Prag
Eger
Moldau

165 Deutschland in den Grenzen von 1937 (mit Einzeichnung der Grenzen der späteren Besatzungszonen)

Eingezeichnet sind

○ die Orte der Auslagerungen während des 2. Weltkrieges.

□ die Zielpunkte der Bücherbewegungen nach dem Kriege.

– die Rückführungslinien (schematisch); fehlen diese, ist das ausgelagerte Gut am Auslagerungsort zugrunde gegangen.

166 Der Alliierte Kontrollrat nach seiner Einsetzung (5.6. 1945). Die ersten Mitglieder des Kontrollrates sind die Befehlshaber der vier Besatzungszonen: Montgomery, Eisenhower, Schukow, Lattre de Tassigny.

167 »Habent sua fata libelli« (anhand von Besitzstempeln). Als Beispiel das Schicksal der Bücher der Bibliothekswissenschaftlichen Sammlung (Schwenke-Bibliothek): Sie machen den Weg von der Preußischen Staatsbibliothek über die Universitätsbibliothek der Freien Universität Berlin zur Staatsbibliothek Preußischer Kulturbesitz.

168 Das Schloß des Hessischen Landgrafen in Marburg (Luftbild um 1960). Hier erhält ein großer Teil des Bücherbestandes der Preußischen Staatsbibliothek eine vorübergehende Unterkunft.

169 Das erste Domizil der Stiftung Preußischer Kulturbesitz in Berlin. Der Regierende Bürgermeister von Berlin Willy Brandt und der Kurator der Stiftung Hans-Georg Wormit beim Verlassen der Hauptverwaltung in Berlin-Dahlem, In der Halde 1 (Februar 1963).

170 Einweihung des neuen Hauses. In der 1. Reihe v. l. n. r.: Walter Braun, Kultusminister von Schleswig-Holstein; Ernst Benda, Präsident des Bundesverfassungsgerichts; Gerhart Rudolf Baum, Bundesminister des Innern; Walter Scheel, Bundespräsident; Werner Knopp, Präsident der Stiftung Preußischer Kulturbesitz; Dietrich Stobbe, Reg. Bürgermeister von Berlin; Ekkehart Vesper, Generaldirektor der Staatsbibliothek Preußischer Kulturbesitz.

171 Die Staatsbibliothek Preußischer Kulturbesitz heute

172 Der Ihne-Bau nach Beseitigung der Kriegsschäden (ca. 1960). Das Haus der Preußischen Staatsbibliothek, heute Sitz der »Deutschen Staatsbibliothek«.

Kramer
Kaliwerk Hattorf, Schacht Ransbach-Heimboldshausen
Kreis Hersfeld
Aus 750 m Tiefe wurden Kisten und lose Büchermassen zutage gefördert, in dem Salzschuppen (Mitte) sortiert und an der Rampe nach Marburg verladen.
Zeichnung Winter 1946/47

Als großer Arbeitslieferant
Ist der Waggon gar wohl bekannt
Nicht immer ist er auch beliebt
weil er zu Ärger Anlaß gibt,
wenn er am Samstag kurz vor Schluß
noch schnell entladen werden muß
Dann rast die Kette im Akkord
und reißt selbst Müde mit sich fort
Im Winter 1946/47
der Henner fährt zum Erdgeschoß
und Martin braust hinauf zum Schloß
und von den 18 munt'ren Tonnen
ist schnell die Hälfte dannzerronnen
Und wenn das Ganze dann geschafft
hört man am Ende seiner Kraft
besonders gern, daß Montagmorgen
gleich drei Waggons sind zu versorgen.
Verse von
K.A. v. Harder
Kramer

Menschen und Stätten der frühen Nachkriegsjahre um und in Marburg.
Zeichnungen (Winter 1946/47) und Aquarelle (1956) von Heinrich Kramm.

173 Stillgelegter Nebenschacht des Kaliwerks Hattorf, 17 km östlich von Hersfeld. Hier hatten viele preußische Behörden ihre Kulturgüter ausgelagert. Von der Preußischen Staatsbibliothek kamen 1944 1,5 Mill. Bände hierher, die 750 m unter Tage untergebracht wurden.

174 Der Abtransport der Bücher vom Schacht zum Schloß bzw. zum Gebäude der Universitätsbibliothek erfolgt in Wind und Wetter mit Güterwaggons bis zum Bahnhof Marburg-Süd und von dort mit Holzgas-LKWs.

175 Wilhelmsbau des Schlosses; Südseite. Das ganze Gebäude wird schließlich mit Büchern der Staatsbibliothek gefüllt.

176 Zwischen Wilhelmsbau und Hauptgebäude des Schlosses. Ankunft und Entladung der LKWs.

177 »Waldecker Saal« im Hauptbau des Schlosses. Blick auf die Bestände der Kartenabteilung; sie allein war in diesem Teil des Schlosses untergebracht.

Ordnung der Bücher im Schloß (1947–48)

178/179 Im Untergeschoß des Wilhelmsbaus. Am Vorsortieren der Bände sind beteiligt: Fritz Muth, Hans Pfaff, Josef Galßmann, Günter Meier (noch heute in der Bibliothek tätig), Erich Brandis

180 Das im Erdgeschoß geordnet aufgestellte Fach Pädagogik

181 Türschild der Westdeutschen Bibliothek in Marburg, Universitätsstr. 25.

182 Das Gebäude der Universitätsbibliothek Marburg (Winter 1958). Seit 1946 Sitz der Verwaltung und der Benutzungseinrichtungen der Hessischen, dann Westdeutschen Bibliothek sowie Magazin für Teile des Altbestandes und alle Neuerwerbungen (vgl.auch Nr. 13). Eine großzügige, laufend zunehmende Orts- und Fernleihbenutzung der hier und auf dem Schloß untergebrachten Bücherbestände und eine allmählich in Gang kommende gezielte Erwerbungspolitik verschaffen der Bibliothek einen anerkannten Platz im deutschen Bibliothekswesen. Die Dienststelle wird 1977 aufgelöst.

183 Zwei Männer der ersten Stunde. Martin Cremer (rechts), der erste Direktor der Westdeutschen Bibliothek, und sein Vertreter Clemens Köttelwesch (Juli 1953).

184 Betriebsausflug 1963. Die Belegschaft der Bibliothek in Bad Nauheim am 24. Mai 1963. Unten sitzend Direktor Wilhelm Witte.

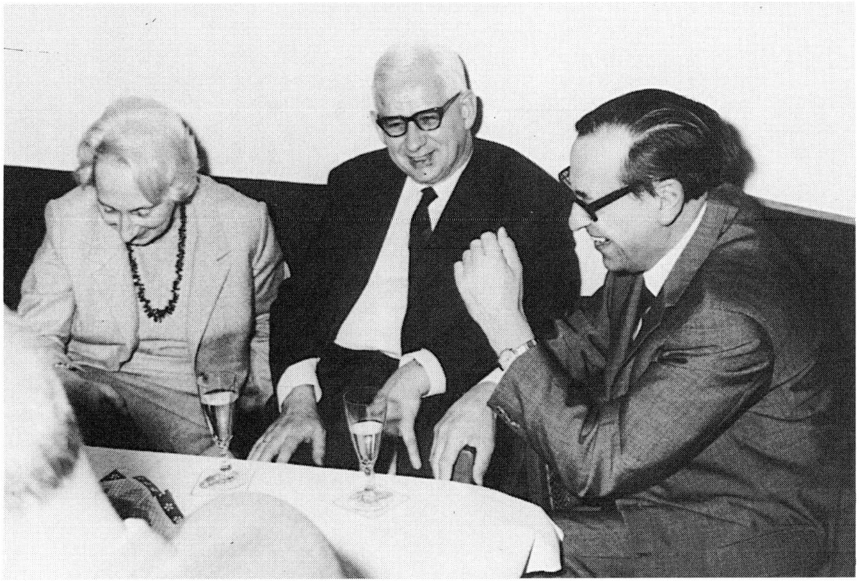

185 Interne Feier in Marburg (September 1968). Auf dem Bild: Irmgard Leder, Osteuropa-Abteilung; Heinrich Kramm, Leiter der Kartenabteilung; Ludwig Borngässer, Generaldirektor.

186 Albert Schweitzer studiert Bach-Autographen (10.10. 1959). Die der Zahl nach geringen, aber höchst wertvollen ins Kloster Beuron verlagerten Handschriften und Rara der Preußischen Staatsbibliothek finden für zwei Jahrzehnte (1948–68) als »Tübinger Depot der Staatsbibliothek« eine Unterkunft in der Universitätsbibliothek Tübingen. Hier stehen sie wie vor dem Kriege der wissenschaftlichen Arbeit zur Verfügung. Einer der prominentesten Benutzer ist Albert Schweitzer.

187 300-Jahrfeier der Preußischen Staatsbibliothek in den Räumen der Akademie der Künste, Berlin-West (21.10.1961). Von rechts: Hans Scharoun; Senator Heinrich Landahl, Hamburg; Hans-Georg Wormit, des. Kurator der Stiftung Preußischer Kulturbesitz; Bundesminister Ernst Lemmer, Berlin; Senator Joachim Tiburtius, Berlin; Frhr. v. Buttlar (Akad. der Künste). – Der Festakt findet einen Monat nach der Konstituierung der Stiftung statt, womit für die Staatsbibliothek ein Neuanfang in Berlin-West signalisiert ist.

188 Eine Sitzung des Stiftungsrates der Stiftung Preußischer Kulturbesitz im Konferenzsaal der neuen Staatsbibliothek. (1974). Vorsitzender: Hans-Dietrich Genscher, Bundesminister des Innern; links von ihm: Gerhard Heimann, Berlin, Senatsverwaltung für Wissenschaft und Kunst; rechts: Hans-Georg Wormit, Präsident der Stiftung Preußischer Kulturtbesitz, und Peter Hofmann, Direktor bei der Stiftung.

189 Umbau- und Neubauentwurf der Kasernen am Gardeschützenweg (1958). Die ersten Planungen für ein neues Haus der Staatsbibliothek in Berlin-West gehen von den nicht genutzten Kasernen in Berlin-Lichterfelde aus. Sie wären baulich zu verändern und zu erweitern gewesen, hätten aber auch dann langfristig den Bedürfnissen einer großen wissenschaftlichen Bibliothek nicht entsprochen, sondern nur eine kostspielige Unzulänglichkeit zur Folge gehabt.

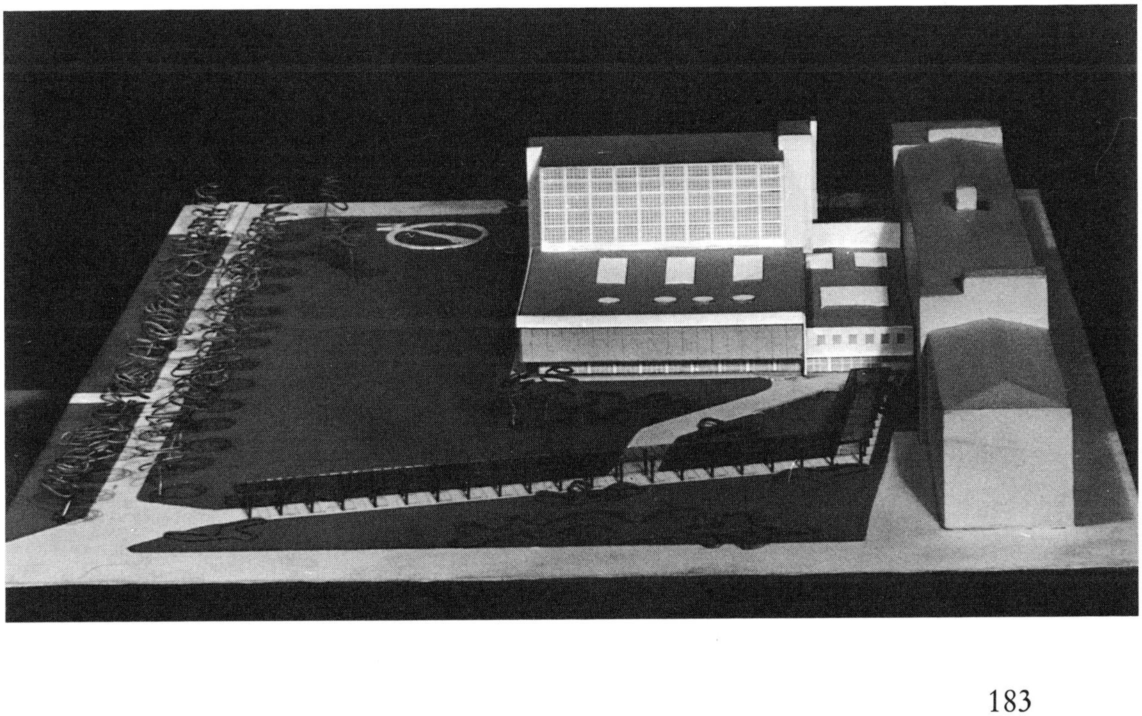

Fünf Ansichten von der Umgebung des heutigen Standortes der Bibliothek aus der Zeit vor und nach den Weltkriegen

190 1899: Die Potsdamer Brücke mit Landwehrkanal, gesehen von Nordosten, also vom Standort der heutigen Bibliothek aus.

191 1945: Die Kriegszerstörungen auf dem Gebiet des heutigen Kulturforums, gesehen von Süden; links oben die St. Matthäuskirche, rechts vorn, jenseits des Kanals, der spätere Standort der Bibliothek.

192 Winter 1964: Das weitgehend enttrümmerte Gelände zum Zeitpunkt des Wettbewerbs Staatsbibliothek; mit wiederhergestellter Matthäuskirche, mit neu erbauter Philharmonie und einer Andeutung der neuen Trassenführung der Potsdamer Straße.

193 Sommer 1965: Anderthalb Jahre später ist die Führung der Potsdamer Straße nördlich des Kanals großenteils fertiggestellt, die neue Potsdamer Brücke (im Vordergrund) und die Nationalgalerie sind im Bau.

194 September 1969. Luftaufnahme von Westen auf das entstehende Kulturforum: die Nationalgalerie diesseits der neuen Potsdamer Straße ist fertiggestellt, die Staatsbibliothek dahinter im Bau, der nördliche Teil schon sichtbar. Ganz vorn links, diesseits der Stauffenbergstraße, der »Bendler-Block«, früher das Gebäude des Deutschen Generalstabes. Hier vollzog sich das Schlußdrama des 20. Juli 1944, hier waren vorübergehend (1965–78) die meisten Arbeitsbereiche der Staatsbibliothek einschl. der Generaldirektion untergebracht, bevor sie in den Neubau übersiedelten. – Im Hintergrund jenseits der Mauer Ost-Berlin.

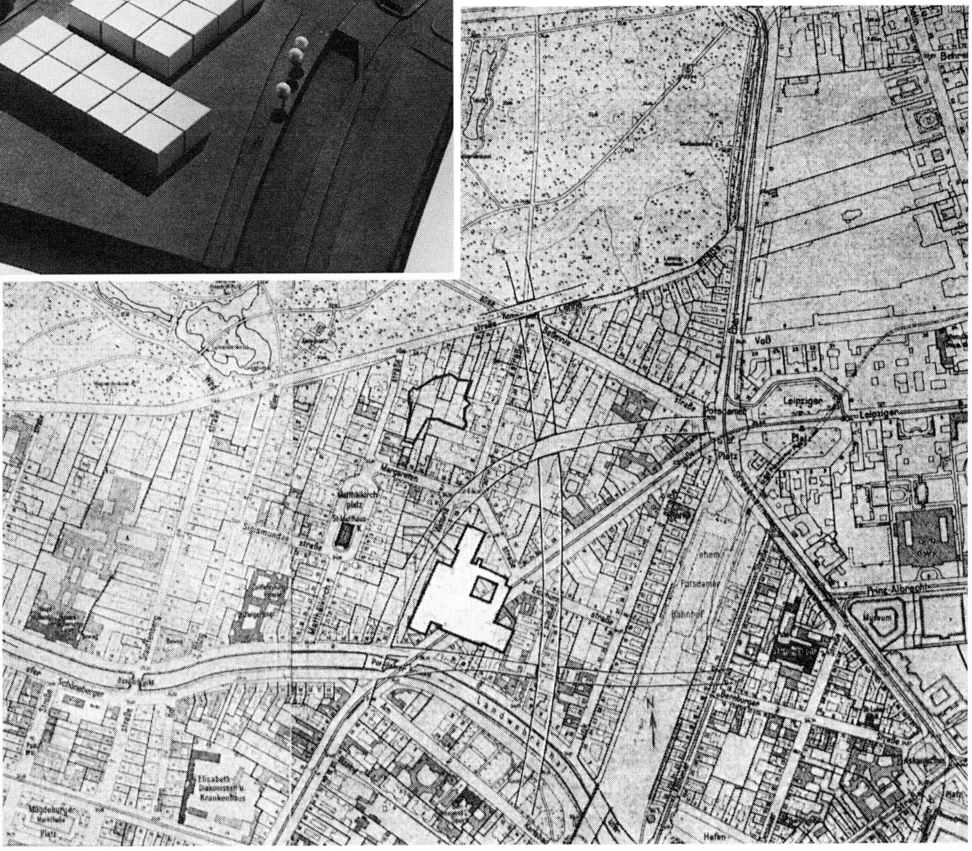

195/196 Bauentwurf von Werner Düttmann (September 1962). Unter maßgeblicher Beteiligung des Senatsbaudirektors Düttmann wird der spätere Standort der Bibliothek festgelegt. Der Lageplan und sein (zweiter) Entwurf auf dem endgültigen Bauplatz lassen die Zuordnung des neuen Bibliotheksgebäudes zu den anderen Bauten des entstehenden Kulturzentrums erkennen. Die Bibliothek besteht hiernach im wesentlichen aus zwei relativ flachen Magazintrakten (parallel zur Potsdamer Straße und zum Reichpietschufer), über denen sich die Sonder- und Hauptlesesäle befinden, sowie aus einem ringförmig um einen Innenhof angelegten Verwaltungsbau. Auch je ein Restaurant und Vortragssaal (beide am nördlichen Ende) sind vorgesehen. Die Kosten waren bei einer Nutzfläche von 52 000 m^2 und einem Volumen von 238 000 m^3 auf 50 Millionen DM veranschlagt. Der Entwurf kommt nicht zur Ausführung. Statt dessen wird ein begrenzter Wettbewerb ausgeschrieben (s. auch S. 31 f.).

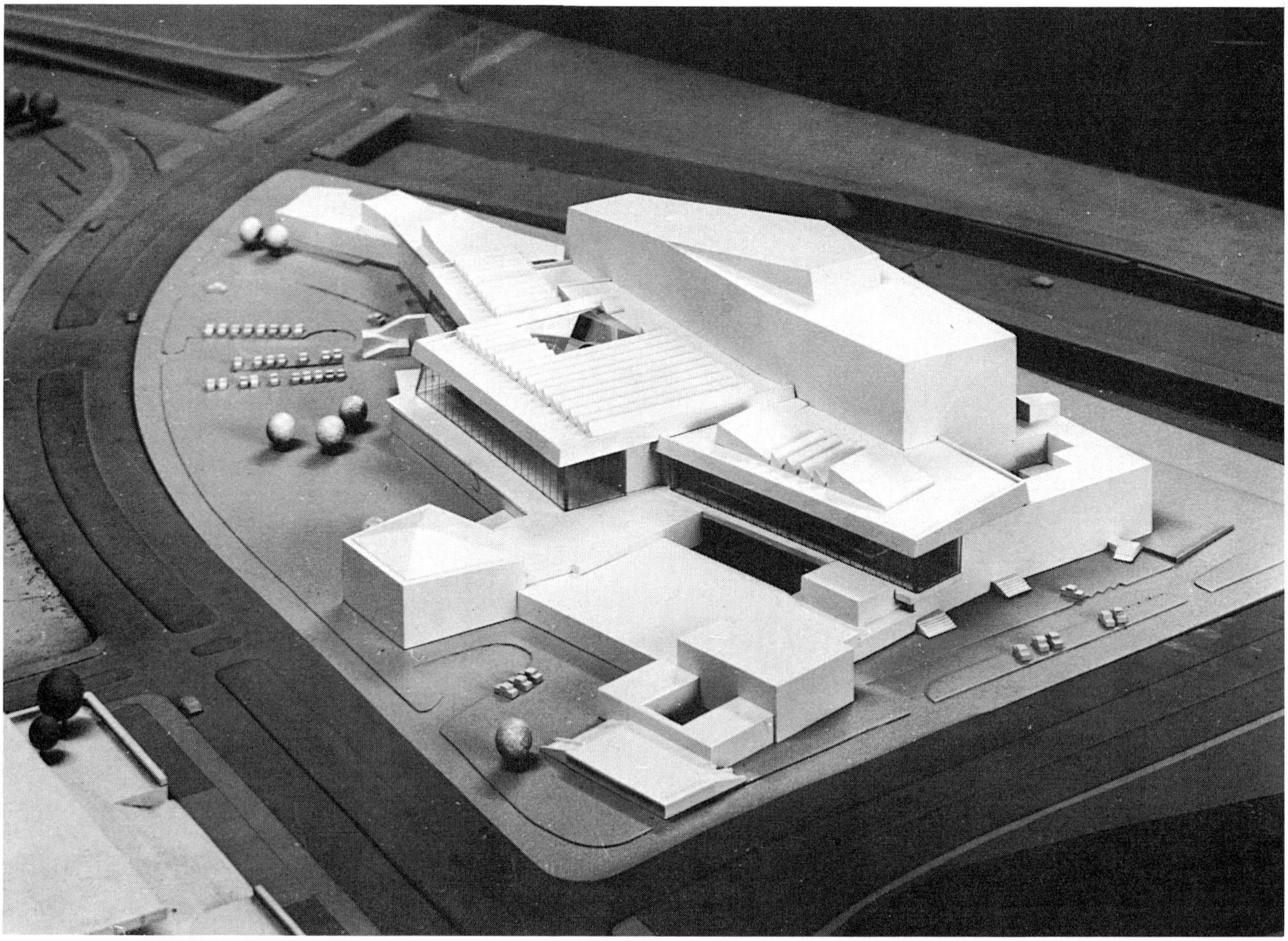

197 Modell des Neubau-Entwurfs von Hans Scharoun, des 1. Preisträgers im Wettbewerb Staatsbibliothek (1964) (vgl. S. 32–35)

Grundsteinlegung des Neubaus: 10. Oktober 1967

198 Vorn: Werner Stein, Senator für Wissenschaft und Kunst; Kurt Schmücker, Bundesschatzminister; Heinrich Lübke, Bundespräsident; Hans Scharoun; Werner Ernst, Staatssekretär im Bundesministerium des Innern, Vorsitzender des Stiftungsrates.

199 Hans Scharoun in seiner Ansprache: Für das Wirken des Bibliothekars wie des Architekten »gelte auch heute und an diesem Ort jenes fordernde Wort aus dem 19. Jahrhundert: ›Bildung macht frei‹.«

200 Wachablösung 1972. Der zum 30. April ausscheidende Generaldirektor Prof. Ludwig Borngässer (rechts) und sein Nachfolger Ekkehart Vesper (im Amt seit 1. Juni).

Ein Provisorium – die Traglufthalle (Juli 1972). Um die Auflösung der Marburger Dienststelle zu beschleunigen, wird dicht östlich der entstehenden neuen Bibliothek eine Traglufthalle errichtet. Sie sollte bis zur Fertigstellung des endgültigen Büchermagazins 2 Millionen Bände aus Marburg vorübergehend aufnehmen.

201 Beim Aufblasen der Halle

203 Die Halle ist aufgeblasen

202 Im Innern der noch leeren Halle

204 Ein Orkan zerreißt die Hülle der erst teilweise, mit ca. 500 000 Bänden, gefüllten Traglufthalle.

Ein Rückschlag – der 13. November 1972

205 Sofortige Bergung der Bücher mit Hilfe der Belegschaft (im Bild: H.-J. Sekatzek).

206 Die Bände – Zeitschriften und Ostasiatica – bleiben, benutzbar aufgestellt bis zum Sommer 1975, im Keller und Erdgeschoß des Reichstags (Aufnahme: 12. 1. 1973).

207 Vor dem späteren Benutzereingang

Richtfest am 16. November 1973

Ich danke Ihnen allen.
Und lassen Sie uns anschließend unser
Gla s auf Ihr Wohl und auf das weitere
Gelingen der Ausbauphase trinken.

Lassen Sie mich schließen mit dem alten,
von mir oft zitierten Sprichwort bei
Richtfesten:

Es ist besser Feste zu feiern als
feste zu arbeiten.

Ich wünsche Ihnen ein erfolgreiches
Richtfest.

208 Der Richtspruch

209 Der Bibliotheksneubau im Frühjahr 1973. Aquarell von Wilhelm Koerber.

Der Innenausbau des Hauptbauteils

210 Treppenpartie im späteren Hauptlesesaalbereich

211 Durchblick zum Reichstagsgebäude

212 Zum Vergleich: Der Konzertsaal der neuen Philharmonie. Die gleichfalls von Hans Scharoun erbaute Philharmonie (1961–63) umfaßt insgesamt 108 000 m^3 umbauten Raumes und kostete (ohne äußere Verschalung) ca. 17 Millionen DM. Der Konzertsaal hat 2218 Plätze.

213 Das äußerlich fast fertiggestellte Haus (1976). Das Gebäude beherbergt außer der Staatsbibliothek das Ibero-Amerikanische Institut Preußischer Kulturbesitz und den Berliner Gesamtkatalog. Es hat eine Gesamtnutzfläche von 48 000 m^2 (davon Lesesäle: 9300 m^2 mit ca. 600 Leseplätzen) und ist 229 m lang, bis zu 152 m breit und 42,6 m hoch. Der umbaute Raum umfaßt 420 000 m^3, die Gesamtkosten betrugen rd. 230 Millionen DM. – Der Einzug der einzelnen Abteilungen erfolgte in Etappen von 1971–78.

Einweihung des Hauses
am 15. Dezember 1978

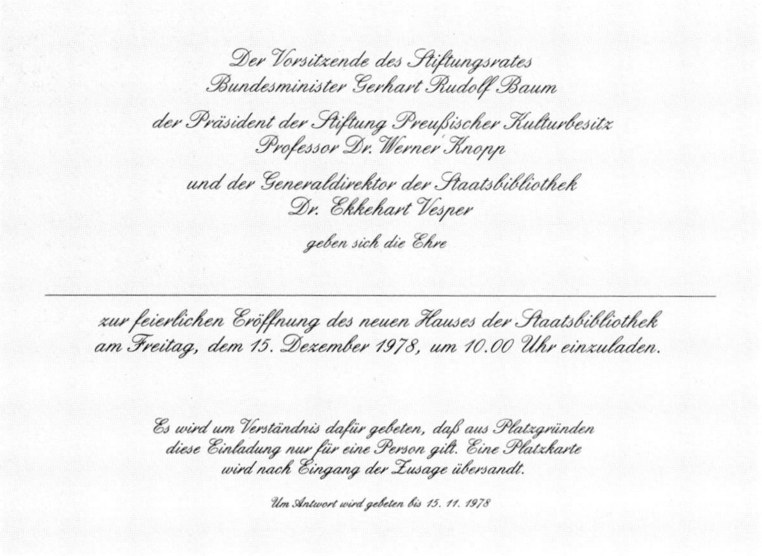
Der Vorsitzende des Stiftungsrates
Bundesminister Gerhart Rudolf Baum

der Präsident der Stiftung Preußischer Kulturbesitz
Professor Dr. Werner Knopp

und der Generaldirektor der Staatsbibliothek
Dr. Ekkehart Vesper

geben sich die Ehre

zur feierlichen Eröffnung des neuen Hauses der Staatsbibliothek
am Freitag, dem 15. Dezember 1978, um 10.00 Uhr einzuladen.

Es wird um Verständnis dafür gebeten, daß aus Platzgründen
diese Einladung nur für eine Person gilt. Eine Platzkarte
wird nach Eingang der Zusage übersandt.

Um Antwort wird gebeten bis 15. 11. 1978

214 Einladung zur Eröffnung des neuen Hauses.

215 Festansprache des Bundespräsidenten. In der Bildmitte Frau Scharoun, links von ihr Hans-Georg Wormit, rechts Dieter Haack, Bundesminister für Raumordnung, Bauwesen und Städtebau

216 Blick auf die Versammlung und das Wandbild von Erich Hauser im Foyer der Bibliothek.

217 Schlüsselübergabe durch Bundesminister Dieter Haack an den Generaldirektor der Staatsbibliothek

STAATSBIBLIOTHEK

PREUSSISCHER KULTURBESITZ

FESTGABE

ZUR ERÖFFNUNG DES

NEUBAUS IN BERLIN

HERAUSGEGEBEN VON

EKKEHART VESPER

DR. LUDWIG REICHERT VERLAG

WIESBADEN 1978

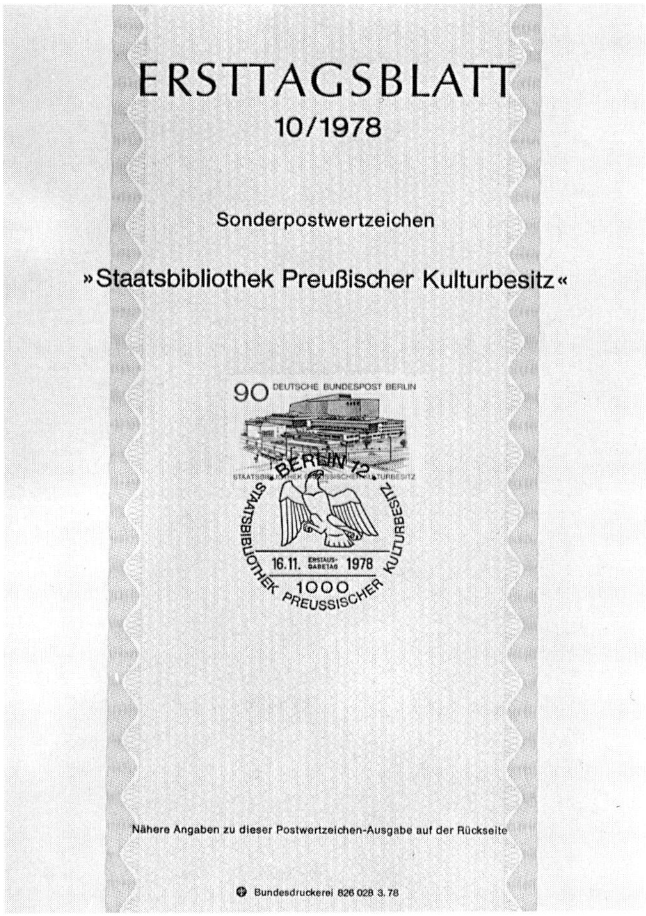

ERSTTAGSBLATT

10/1978

Sonderpostwertzeichen

»Staatsbibliothek Preußischer Kulturbesitz«

Nähere Angaben zu dieser Postwertzeichen-Ausgabe auf der Rückseite

Bundesdruckerei 826 028 3.78

218 Titelblatt der Festschrift der Staatsbibliothek

219 Ersttagsblatt des Sonderpostamts im Hause der Staatsbibliothek anläßlich der Eröffnung

220 *»Tag der offenen Tür« am Sonntag, dem 17. Dezember 1978.* Mit einem »Tag der offenen Tür« wird die Staatsbibliothek der Öffentlichkeit übergeben. Rd. 30000 Berliner machen von dem Besuchsangebot Gebrauch.

Bild- und Quellennachweis

Berlin

Werner Aurisch 169
Berlin-Museum 15 31 40 50 66 68 72 73 74
Bundesbaudirektion 216 217
Gertrud Casper 159 160
Walter Ederer 67 172 219
Dr. Rudolf Elvers 58
Reinhard Friedrich 192
Geheimes Staatsarchiv Preußischer Kulturbesitz 57
Prof. Dr. Guido Jüttner 27 28
Landesarchiv Berlin 45
Landesarchiv Berlin. Nachlaß Ernst Reuter 135
Landesbildstelle Berlin 39 103 104 105 154 170 187 190 191 194 198 201 202 203 204 205 206 207 213
Dr. Irmgard Leder 185
Günter Meier 178 179
Pressefoto Mrotzkowski 220
Dr. Werner Schochow 18 100 107 112 148 184 200 208
Staatliche Museen Preußischer Kulturbesitz, Kunstbibliothek 115
Staatsbibliothek Preußischer Kulturbesitz H 20 (Sign.: 628 497) 76 (Sign.: Ser. 10 343–1) 92 93 94 161 163 164 167 171 181 189 195 196 209 214 215
Staatsbibliothek Preußischer Kulturbesitz. Handschriftenabteilung 42 123 124 125 150 151
Staatsbibliothek Preußischer Kulturbesitz. Handschriftenabteilung: Akte Schwenke 23 102
Staatsbibliothek Preußischer Kulturbesitz. Handschriftenabteilung: Nachlaß Ernst Crous 142
Staatsbibliothek Preußischer Kulturbesitz. Handschriftenabteilung: Nachlaß Hugo Andres Krüß 155
Staatsbibliothek Preußischer Kulturbesitz. Handschriftenabteilung: Nachlaß Georg Leyh 8 10 11 12 21 69 70 86 110 116 120 122 132
Staatsbibliothek Preußischer Kulturbesitz. Handschriftenabteilung: Nachlaß Fritz Milkau 119 144
Staatsbibliothek Preußischer Kulturbesitz. Handschriftenabteilung: Nachlaß Eugen Paunel B D 2 29 30 34 41 43 51 54 55 59 64 82 84
Staatsbibliothek Preußischer Kulturbesitz. Kartenabteilung 14 24 25 37 47 165 173 174 175 176 177
Stiftung Preußischer Kulturbesitz. Hauptverwaltung 180
Verlag ›Der Tagesspiegel‹ 193

Bonn

Archiv der Sozialen Demokratie / Friedrich-Ebert-Stiftung 139
Bundesforschungsanstalt für Landeskunde und Raumordnung 1

Frankfurt

Prof. Dr. Clemens Köttelwesch 183

Leipzig

Gerhard Murza 53

London

The National Gallery 3
Royal Institute of British Architects E

Marburg

Wilhelm Buchge 182
Heinz Eifert 168

Stuttgart

Württembergische Landesbibliothek 33

Wien

Österreichische Nationalbibliothek 9

Alle anderen Vorlagen (insges. 88 Nummern) stellte das Bildarchiv Preußischer Kulturbesitz dankenswerterweise zur Verfügung. Der Beitrag »Geschichtlicher Abriß« (S. 9–11) ist inhaltlich dem noch nicht erschienenen Artikel »Berlin« für die 2. Auflage des Lexikons des gesamten Buchwesens (Stuttgart: Hiersemann) entnommen.